一個人的臨終

おひとりさまの最期

人生到了最後，都是一個人。
做好準備，有尊嚴、安詳地走完最後一段路

上野千鶴子 著

CHAPTER 1

嘿，
接下來是
一個人臨終的時代

前言

隨著年齡增長，我也成了高齡者的一員。加上年齡增長的速度並未減緩，我的體力、記憶力持續衰退著。

地方政府寄了一張照護保險的一號被保險人證[1]來。無獨有偶，地方民生委員也與我聯絡，希望能前來訪談，因為我是屬於他們關懷的對象——獨居老人。可見地方政府十分關心獨居老人，想避免獨居老人「孤獨死」。

儘管我有那麼一下子認為我不需要，但我隨即轉念一想：「等等，既然民生委員自己找上門來，我就好好觀察對方是什麼樣的人、會問些什麼問題吧。」我天生的好奇心促使我愉悅地答應訪談。

距離《一個人的老後》二〇〇七年在日本出版[2]，已八年了。在那之後，「一個人」的人越來越多。根據日本二〇一三年的調查，四戶高齡者就有一戶為單身者，而夫妻同住者僅占了三成。計算起來，等於有五成以上的高齡者未與孩子或其他人同住。而與孩子同住的三成高齡者，當配偶離世時，留下來的一方就成了獨居老人。之後孩子也可能不打算與其同住，即使孩子開口詢問：「要不就一起住吧？」當事人也不知道該不該接受……我在前著稱之為「甜蜜謊言」。會這麼說，實在是因與孩子同住，往往會嚴重影響自己原本對於老後的規劃。不僅生活環境完全不同，哪一天自己需要照護時，還會成為孩子的負擔。為與孩子同住而離開自己熟悉的地方，不會比較開心；若孩子回家與自己同住，哪一天自己還有可能得被迫去住安養院或醫院，真是情何以堪？倒不如一開始就選擇獨居——我一直都是這麼想。一如當初《一個人的老後》所寫「結婚也好，不結婚也罷，無論是誰，最後都是一個人」，未來將是一個人臨終的時代。只不過它來的比我想像中還要快。

最近我經常收到同齡層的訃告。雖然同樣都是哀傷，但收到父母、恩師一輩的訃告時，我比較能接受。收到同齡層的訃告，真是一種考驗。

伊藤比呂美在最近的著作《父親活著》（光文社，二〇一四年）寫道：

「我送走了父親後，終於有了『自己是大人了』的感覺。」

都五十八歲了，這才覺得自己是大人了啊。

1 日本政府提供照護保險之對象分為一號六十五歲以上、二號四十歲以上而未滿六十四歲兩種。
2 中文版二〇一五年，時報出版。

另一位朋友在父母離世時說：

「我覺得自己與死亡之間的屏障消失了，腳底突然一陣涼啊。」

對，因為接下來就將輪到自己了。

近年我面對父母、朋友的死亡，切身體認到死亡離我不遠了。

所以我決定撰寫這本《一個人的臨終》。

這是繼《一個人的老後》、《一個人的老後【男人版】》[3]後，「一個人系列」的第三本書，而我一直都計畫著撰寫這本書，希望能就此結束「一個人系列」。不過我想我還會活一陣子，不會就此臨終，因此有了下一本書的構想，書名為《一個人的死後》（笑）。話雖如此，但我其實不是這麼在意死後的事啊。

越來越多人是「一個人」

為何現在必須思考「在家孤獨死」的問題？

原因很簡單。

首先，**未來獨居的人只會持續增加。再者，未來將越來越多人成為「臨終難民」。意**

指無法在醫院或安養院臨終。在這種情況下，似乎無法避免在家一個人死去。也就是說，這不是期望而是必須面對的現實。

日本的人口開始逐年減少，沒有徵兆顯示新生兒的人數會增加。

更有甚者，日本已邁入超高齡社會。儘管日本厚生勞動省直到最近仍堅持表示：「目前是人生有八〇年的時代」，但非營利組織「改善高齡社會女性會」理事長樋口惠子女士等人卻已認為：「目前是人生有一百年的時代」。二〇一四年的數據顯示日本人的平均壽命——女性八十六・八三歲、男性八十・五歲。平均壽命是指零歲的新生兒能活至幾歲，那麼想必目前已是高齡者的人的壽命一定能輕鬆超過平均壽命。越長壽的人，得面臨越多死別。

國民生活基礎調查（二〇一三年）顯示，目前高齡者中單身者占二五・六%、僅夫妻同住者占三一・一%，合計逾五六・七%。僅夫妻同住者一旦配偶離世就成了單身者，想必未來單身者將會越來越多。根據日本的國立社會保障暨人口問題研究所的推算，二〇

3 中文版二〇一〇年，時報出版。

二〇年——也就是舉辦東京奧運的那一年，只距離現在不到五年！屆時單身者的比例將會超越僅夫妻同住者的比例，六十五歲以上的單身者占三三．三%、僅夫妻同住者占三二．五%。兩者合計六五．八%。根據國民生活基礎調查，高齡者與父母、未婚孩子同住者的比例於二〇一三年微增，達一九．八%。相對的，與孩子、孫子三代同堂者則減少至一三．二%。其中，與父母、未婚孩子同住之高齡者，許多人是與年邁父母、中年的未婚孩子同住；而三代同堂之高齡者往往是迫於無奈，如與離婚的女兒及其孩子同住。目前現代人婚後普遍是以小家庭的形式獨立，鮮少女性會與公婆同住。此外與未婚孩子同住者一旦臨終，其未婚的孩子可能也會成為獨居老人。

獨居老人增加並不全然是壞事。人口數減少的同時，戶數卻增加了。等於擴大了內需，人們必須添購家電等生活所需的標準配備。

許多人是因未婚、離婚、喪偶而獨居。觀察不同性別、年齡者之有配偶率（配偶在世之比例），男性的有配偶率最高出現在七十至七十四歲（二〇一〇年）。過了七十五歲，喪偶的情況增加，因此有配偶率開始下滑。五、六十歲之有配偶率無法與七十歲相提並論，是因五、六十歲的離婚率越來越高。三、四十歲的有配偶率較五年前低，則是因未婚率攀升。另一方面，女性的有配偶率的高峰出現在五十五歲至五十九歲，整體數字均較男性低。那是因此年齡層的女性若離婚、喪偶，極有可能不會再婚。女性是否普遍覺得：

「結一次婚就夠了？」長壽女性的喪偶率在七十五歲後超越有配偶率。可見大部份女性也是在老年時只剩自己一個人。

日本的國立社會保障暨人口問題研究所，於二〇一四年公布了日本人終身未婚的數據顯示，五十歲時未曾結過婚的男性約占二〇％、女性則占一〇％。這個比例將逐年增加，根據專家推測，現在四十至四十九歲的男性四人中有一人、三十至三十九歲的男性三人中有一人將終身未婚。此推測值是否準確，待這些人年滿五十歲時就能明瞭。根據經驗，曾結婚的人即使離婚也很有可能再婚、從未結婚的人也可能終身都不會結婚。可以想見此預測具一定的準確度。此預測同時指出三十至三十九歲的女性五人中有一人將終身未婚。但，為何女性的終身未婚率較男性的終身未婚率低呢？原因在於男性喪偶、離婚後也很有可能再婚，而未婚女性也有可能成為男性的再婚對象。我彷彿看見了男性露出安心的表情，但這一點是有附加條件──再婚男性往往持有一定的資產。單身貴族或者說「敗犬」之所以增加，是無法抑止的人口學現象，可不是我的錯。

既然如此，我希望在我還活著時，在家一個人臨終能有健全的機制，使人安詳而安心地離開。

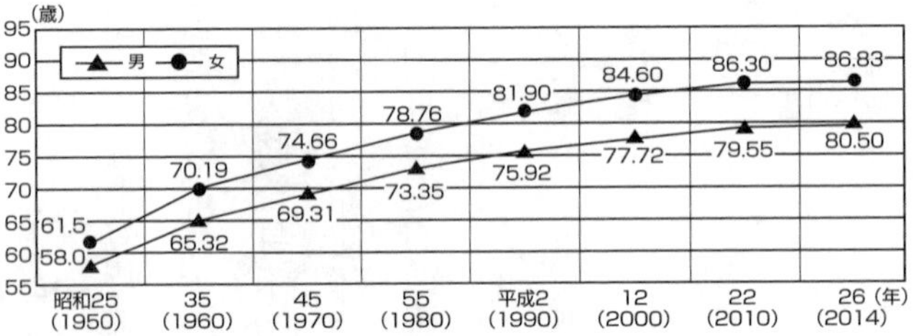

平均壽命變化

資料來源：根據厚生勞動省、國立社會保障暨人口問題研究所資料（二〇一四年）製作

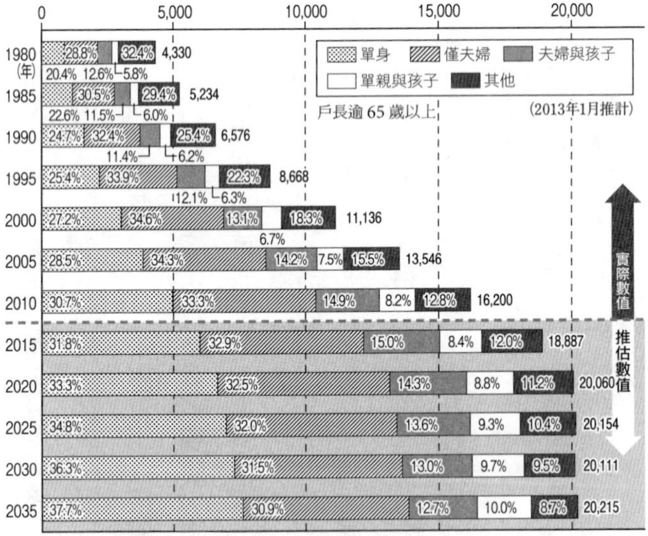

戶長逾六十五歲之家庭構成比例的變化與推估

資料來源：根據國立社會保障暨人口問題研究所資料（二〇一三年）製作

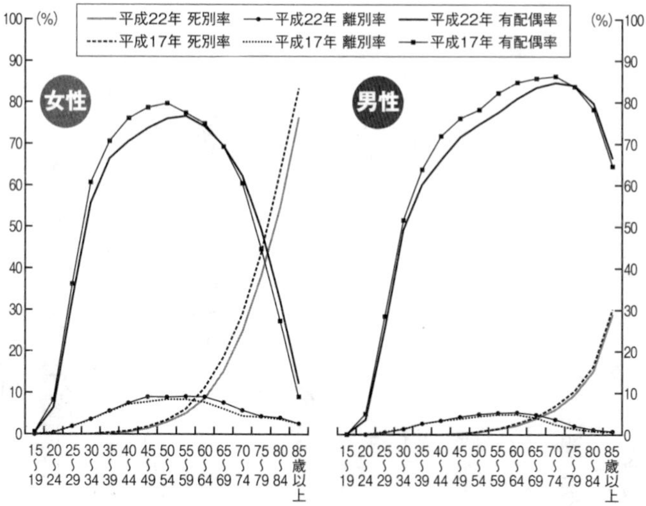

不同性別年齡階層之死別、離別與有配偶率

資料來源：（公益財團法人）SENDAI 男女共同參畫財團

敗犬越來越多

之前我曾在山梨市以《一個人也能在家臨終》為題進行演講，那場演講因原本遭取消卻又能如期舉行而為人所知。當時安倍晉三首相的一位文化界朋友——八木秀次先生在《產經新聞》的專欄〈正論〉（二〇一四年三月一九日）裡批評：「這個演講主題本身感覺就很有問題」。那篇文章的標題是〈推廣單身很不負責任〉。其實八木先生誤會了，我並沒有在推廣單身。拙著之所以暢銷是因單身者變多了，不是拙著暢銷使社會上單身者變多（我有如此大的影響力就好了……）我是在單身者日益增加的情況下，才決定撰寫《一個人的老後》，希望使單身者知道：「一個人也沒有關係。」

八木先生在文中確切地摘要了《一個人的老後》論點：「**無論是否結了婚、有了孩子，或者離婚、終身單身，只要長壽，人到了最後都是一個人。臨終時大家都是一個人，即使離了婚、終身單身也非不幸，可以很開心地生活。**」

八木先生主張我認為「離婚不可怕」、「建議大家不要倚靠孩子等其他人，獨居到臨終前比較好」上述的理解十分正確。既然如此，他理應可以了解我絕不是在推廣「不要結婚也無妨、不生孩子也無妨」才是呀。

八木先生提出的替代解決方案為「與孩子同住」，理由是「若與孩子同住，依目前國民年金的支付額，再怎麼低也能給孫子零用錢」。但在這個「人生有一百年的時代」，別說孫子成年後會不會因收到少少的零用錢而感到高興，若還有曾孫、玄孫的家庭，難道要四代、五代同堂嗎？此外，孩子應與丈夫或妻子的父母同住？應與父親或母親的祖父母、曾祖父母同住？仔細想一想，就會覺得現實不像這張處方箋說的這麼簡單。在那之前，我想要知道他是否與自己的父母同住？未來他又打算與哪個孩子同住？

一九八〇年代，日本自民黨推動的「家庭基礎充實政策」稱「家人為社會福利的潛在資產」，為「日本型社會福利」的原型。此政策之所以遭受嚴厲批判是因「家人為社會福利的潛在資產」其實是指「媳婦是社會福利的潛在資產」。家人照護系統是建立在媳婦的忍耐之上。

從那時起，高齡者與孩子同住的比例日漸下滑。下滑其來有自，任何人都無法阻止。

首先「與孩子同住」這個選項必須先有孩子才能成立。前一陣子我與七名年齡相仿的朋友相聚。算一算，我們八個人，總共只生了五個孩子，並且都沒有孫子。就算我們現在生孩子，孩子也不一定會生孩子。我是在日本戰後[4]嬰兒潮時出生。我們下一代的孩子——嬰兒潮二代目前平均約四十歲，若現在沒有，未來生孩子的機率想必也不高。

現實情況在變化，八木先生卻視而不見。他說：「推廣單身很不負責任。」我倒覺得應該說：「推廣與孩子同住很不負責任。」自民黨似乎希望在修憲案中加上「家人必須互助」這麼一句話。如此一來，家人不互助就「違憲」了呢。

4 本書「戰後」均指第二次世界大戰後，「戰前」則均指第二次世界大戰前。

單身高齡者的孤立

現在只是一個老女人獨居，就得面對大家以「你一定很寂寞吧？」來取代打招呼。若換作一個老男人獨居，可能除了「你一定很寂寞吧？」還會再加上一句：「生活一定很不方便吧？」其實當初我撰寫《一個人的老後》是想要抱怨此情況，沒想到卻拋磚引玉。多虧都築響一先生撰寫《獨居老人風格》一書（二〇一三年，筑摩書房），我才知道不受家人拘束的老人們如何過著自由自在的獨居生活。我想差不多是時候請大家放棄「一個人很寂寞」的想法了。

話說回來，獨居老人真的寂寞嗎？

二十多年前，社會學者河合克義先生就在研究中指出單身高齡者將成為社會問題。他在《大都市的獨居老人與社會孤立》（二〇〇九年，法律文化社）一書中進行了相當恐怖的調查。

二〇〇四年時，河合先生以日本東京都港區一千名高齡者進行調查。其中四九・三%回答「有孩子」，四四・七%回答「沒有孩子」，而六%「不回答」。出現此結果是因少子化。七三・二%回答「兩個孩子」、一九・九%回答「三個孩子」。現在的高齡者是經歷人口轉換期的少子化父母，生孩子頂多生兩個。

超高齡化持續下去，八、九十歲超高齡者的孩子也是高齡者。那麼「高齡反服」，也就是「白髮人送『白』髮人」的情況一點也不稀奇。

戰後日本的平均壽命不滿六十歲，因此父母往往在么子成年前就會離世；而到了超高齡社會，若希望孩子在自己老後還活著，就得在四、五十歲時生下第三甚至第四個孩子。我想無論是經濟還是體力都不允許。現代人強調「生少一點好好養」，花費在一個孩子身上的預算大幅增加，才形成少子化的現象。

其實，「不回答」的六％最令人在意。六％這個數字並不低。明明「孩子的有無與存歿」應該很容易回答卻刻意選擇不回答——河合先生推測當中大部份是屬於「沒有孩子」。「沒有孩子」對許多人來說是一種痛，因此不想回答也是難免。此外，我認為離婚率上升也有造成影響。像是電影《送行者》中，若父親在孩子年幼時就發生外遇、離家而與原本的家人斷絕聯絡，那麼即使日後與成年的孩子相遇，也不一定能認得出來吧。推測此數字背後隱藏著的許多故事，應該是社會學者的工作。

接受調查的高齡者出生在兄弟姊妹眾多的「多子社會」，即使獨居也不一定寂寞。若孩子還在世，可以與孩子的家庭往來；若沒有孩子，也可以與還在世的兄弟姊妹往來。兄弟姊妹是父母留給這個世代的資源，當少子化世代的人變成高齡者，就沒有這項資源了。

少子化世代不僅兄弟姊妹少無法互相幫忙，相對他們的孩子也很少叔叔、阿姨輩的長輩與同輩的堂表兄弟姊妹。

同時河合先生也進行了另一項調查——單身高齡者真的孤立嗎？

社會的孤立其實沒有既定的標準。為此，河合先生設想了一個問題，並於二〇〇六年對在橫濱市鶴見區的三八四八名高齡者進行調查。那個問題就是：「農曆新年的大年初一到初三，你都是自己一個人度過的嗎？」

農曆新年是一家人團圓的溫馨節日，但對「一個人」的人來說不見得是件好事。應該與家人團圓的日子卻獨自度過——這可以說是孤立吧。儘管便利商店在農曆新年也會營業，即使不開口也能順利的在便利商店購物，這樣並不能算是「有與人見面」吧。針對這個問題，中高齡的獨居男性十人中有六人（六一．七％）回答：「是」，女性則是二六．五％，不到男性數字的一半。男性的孤立度可見一斑。相對高齡的獨居男性回答：「是」的比例卻下滑至四六．八％，推測是因中高齡的獨居男性不婚、離婚的比例日漸增加，而目前高齡者的結婚率較高，即使平時獨居還是有能共度農曆新年的家人。反觀高齡的獨居女性回答：「是」的比例則上升至三二％。隨著年齡增長，喪偶的比例也會增加。可以推測此年齡的獨居女性之所以孤立，是因家人皆已離世了。對此問題回答：「不是」的人主要是與孩子、孫子等家人度過。而高齡男性與孩子、孫子度過的比例之所以較高齡女性來得低，則如我們所想，不是沒有孩子、孫子，就是已與孩子、孫子斷絕聯絡。

另一方面，觀察日本的相對貧困率會發現，獨居女性半數以上為貧困者（相對貧困率是指所得不到國民平均所得一半的比例，可以藉此看出社會的貧富差距）。獨居男性為貧困者的比例較低，表示女性較男性貧困。不僅如此，女性的貧困往往會持續一輩子。儘管樋口惠子女士創造了一個新的詞彙「ＢＢ＝貧困奶奶」，但女性若年輕時就貧困，高齡時就只會更加貧困。高齡者在接受社會補助者中占三九％（二〇一一年），且大多單身。或許與家人同住就不貧困，但不貧困的是丈夫或孩子，不是自己。一旦失去家人，女性就會淪為貧困者。由此可見，現在社會補助的對象皆以高齡貧困的女性為主，若想減少高齡貧困層的人數，就必須實施協助女性擺脫貧困政策。但日本貧困的年輕女性已越來越多，貧困的年輕人將成為貧困的高齡者……政治人物們了解這一點嗎？

孤立與孤獨的不同

孤立與孤獨相同嗎？「一個人」的人不僅孤立，也孤獨嗎？

河合先生在書中介紹了一則「衝擊人心的回答」，是一九九五年的調查資料。

七十五歲的我切身感受到一個人好寂寞。想哭時真的傷心欲絕。儘管我有一個女兒、一個孫子，但他們都很忙，所以我們很少見面，每個月大概碰面三次。雖然我希望有人能與我同住，卻事與願違。我覺得自己一直都在硬撐著，好累，真希望身心都有人能倚靠。我的兒子不在了，但我一直想要兒子在我身邊。七十歲時我因腦血栓而病倒，之後更是接連病倒了三次。所以我很擔心，每天每天都很擔心。想東想西久了，甚至會覺得腦袋不聽使喚。我覺得自己快要得憂鬱症了。我該怎麼辦才好？請幫幫我。

河合先生介紹完這則回答後，根據回答者提供之背景說：「她每個月與女兒見面三次，客觀就「家人的扶持」這一點來看，其具備一定以上的生活條件」。確實，每個月與女兒、孫子見面三次，可以說足夠了。站在女兒的角度，或許認為我每個月已想方設法撥出三段時間，你還有什麼好抱怨的？女兒的丈夫沒有出現在文中，是因他不算家人嗎？或是女兒已離婚？總之回答者提及女兒很忙，表示女兒已可以獨立生活。回答者的兒子似乎已經離世了，應該是前面我所提及超高齡社會的「高齡反服」，但不確定回答者的兒子究竟是何時離世。若成年後才離世，那應該會有其他家人，像是兒子的妻子與孩子？但在這篇文章中並沒有出現，是因為兒子的妻子偏重自己的家人嗎？或是多數妻子在丈夫離世後就不會再與丈夫的父母長期往來的關係嗎？

河合先生判斷回答者「客觀來說，其具備一定以上的生活條件」。或許站在旁觀者的角度會覺得她很幸福了……也許當事人的「寂寞」是主觀的，客觀條件再好也無法解決。

我在《朝日新聞》週六版的專欄「煩惱熔爐」負責解答讀者的疑問。若有讀者如此提問，我該如何應對才好……當事人覺得獨居生活「好寂寞」，或許是因丈夫甫離世不久吧。此外，想必她沒有獨居的經驗。一般來說「希望有人與我同住」的結果往往是與姊妹同住，但那會產生源源不絕的問題。當事人似乎只想與女兒、孫子同住，實際上同住就得配合女兒的步調，無法自在生活。女兒之所以不主動開口詢問，也是因考慮到這一點吧。儘管她說：「真希望身心都有人能倚靠」，但被倚靠的人卻會覺得很困擾、想逃開。或許對她來說，以前丈夫是她倚靠的對象。若真是如此，她的丈夫應該很辛苦。

換做是我，應該會如此回答——時間久了，就會習慣獨居生活。任何生活都是習慣的產物。往後你甚至會覺得一個人輕鬆自在，與其他人同住反而綁手綁腳。「想東想西到覺得腦袋不聽使喚」是強迫關機的訊號。請別再去思考那些想再多也無法解決的問題。萬一的事，等萬一發生了再說。七十歲罹患腦血栓，其實還好。隨著年齡增長，身體好比病痛的巢穴，只能堅強地與其和平共處。若你仍擔心，不妨尋找適合自己的主治醫師與居家護理師，讓自己隨時都能與他們聯絡。此外，有時候硬撐還能預防失智症呢……

數據顯示獨居女性貧困、獨居男性孤立，若既貧困又孤立，那可不得了。老後如此，難免使人對臨終感到不安。或許過往高齡者只有「倚靠家人」這個選項，導致許多高齡者認為失去了家人等於失去了一切。其實，只要能有其他選項就毋需擔心。我們應該看著高齡者的背影，學習如何面對老後。

CHAPTER 2

死亡的臨床常識已然改變

一個人臨終非「孤獨死」

有人光是聽見「在家一個人臨終」（上野千鶴子），就會出現：「呸呸呸，烏鴉嘴」的反應，也有人會想以「一個人的最後」取代「一個人的臨終」。大家總是以「孤獨死」稱呼無人照護而在家一個人臨終的情況。

獨居老人在家一個人臨終，是理所當然。或許有人會在路邊猝死，但身體虛弱而無法外出的人自然是在家離世。孤獨死，應該是指那些之前就孤獨活著的人；若非如此，就不是孤獨死。因此我稱之為「**在家一個人臨終**」。目前似乎只有我一個人使用，所以我加了商標。開玩笑的，我並不打算登錄商標限制其他人使用。不僅如此，我反倒希望能有越來越多人使用，甚至忘了起初是誰提出這個說法，那將會是我的榮幸。

儘管獨居老人被視為必須撲滅的疫病，但獨居老人只是沒有與家人同住在一個屋簷下，並不是沒有家人、朋友。難道與家人同住真的這麼好嗎？事實上有人與家人同住仍處於孤立的狀態，同時有人與配偶同住卻身陷「相敬如『冰』」的地獄。我長年觀察獨居老人，因此我認為，若有家人的獨居老人封閉在只有家人的環境裡而不與外界交流，是一件危險的事。相反的，沒有家人的獨居老人會基於不安、萬一，而刻意創造與其他人的連結。

此外，我覺得分散各地的家人、親戚在獨居老人臨終前一刻才齊聚一堂，是一件很奇妙的事。大家差不多可以放棄這種「見最後一面的堅持」了。以往家人、親戚可以齊聚一堂，是因為大家都居住在同一地區；若分散各地，實在有些勉強。平時很少見面的親戚之所以想要見當事人最後一面，是希望能好好告別；若當事人已陷入昏迷，一切都已太遲了。與其如此，不如提前造訪以確實做好告別、感謝。超高齡社會的死亡，是很緩慢的。既然可以預測，不妨事前好好告別。如此一來，即使收到訃告也已做好了準備、完成了告別，不留下遺憾。

家人亦然。與其事到臨頭手忙腳亂，不如定期探望。在過程中了解當事人的衰弱狀態，也能預測當事人死期將近。若之前有好好地撫摸當事人的臉頰、雙手並確實地告別、感謝：「謝謝」、「能成為你的孩子，我很幸福」、「這或許是我們最後一次見面了」，就能擺脫「見最後一面的堅持」。

越親近，越容易有這樣的堅持——我幾乎每天都去探望，卻沒有見到他的最後一面。我的朋友之前與母親同住，後來他的母親住院並在他外出時離世，他因此不斷責怪自己。畢竟每個人都有可能必須外出，當事人也有可能在睡夢中離世。若不願意面對此情況，就得一天二十四小時都待在當事人身邊。不是只有親眼看見當事人斷氣才是送終，之前的一切陪伴都是送終的過程。照護者會說：「即使他在我外出時離世，我也做好了心理準備。」

日本人的臨終處

我身為獨居老人，「物以類聚」地有許多獨居老人的朋友。近年離世的兩個女性友人也是獨居老人。所幸，獨居的她們有許多朋友，直到最後都有人扶持著她們——我之後再來分享這部份的經驗——是因為她們最終都在醫院離世的。

目前日本人有八十％在醫院臨終、十三％在家臨終、五％在安養院臨終，而在安養院臨終的比例逐年增加（二〇一〇年）。話雖如此，人們主要在醫院臨終的歷史並不長。

日本人自古以來都是在榻榻米上離世的。一九七六年，在家臨終與在醫院臨終的比例出現逆轉。之後在醫院離世的情況猶如怒濤排壑，最終成為主流。這裡順便告訴大家，在醫院生產成為主流是在一九六〇年代。在那之前，人們都是找產婆到家中協助生產。也就是說，日本人將誕生與死亡託付予醫院的歷史，還不足半世紀。

近年在安養院臨終的比例逐漸增加。我每次前往安養院進行調查，都一定會確認對方如何安置遺體。從往生室的位置與氣氛，就可以了解該安養院對於死亡的觀念。若往生室設置在不起眼的陰暗角落、靈車只從後門出入……實在不太好。不能從同一處進去、離開，情何以堪？刻意不讓安養院裡其他高齡者看見的態度，也實在不妥，彷彿死亡不可見人也不可告人。

當我前往韓國調查，曾詢問失智症老人團體家屋（Group Home）負責人：「你們提供送終的服務嗎？」「有。」「請問你們的往生室在哪裡？」「我們沒有往生室。」……咦？當我問對方：「你們如何安置遺體呢？」對方的答案著實令我吃驚——

「我們會將遺體運送至醫院的太平間，再通知家人前往。」

韓國人之所以這麼做，據說是普遍大眾認為，若當事人在安養院臨終，會令家人感到臉上無光。一定要表演出讓親戚們認為，家人已盡了最大的努力將當事人快速送至醫院救治。

韓國就在日本隔壁，我們沒有資格笑他們。日本的安養院也沒有送終的地方。特別養護老人安養院（特養）、團體家屋只要發現入住者的病情加劇，就會撥打一一九請求救護車將其送至醫院。

我在某間收容重度失智症的團體家屋詢問：「你們如何送終呢？」對方也是回答：「我們沒有提供送終的服務。」「嗯？那你們會怎麼做呢？」沒想到也是撥打一一九請救護車將當事人送至醫院，而且得視當時的情況才能知道會送至哪間醫院。

送終的確會增加安養院的負擔，甚至有些員工會感到害怕。儘管照護老人保健設施（老健）規定一定要有醫師、護理師常駐，若只有照護員的其他機構可能會無法因應。隨著重症受照護者一步步走向人生最後的舞台，死亡是遲早得面臨。既然如此，就讓他們在現在生活的地方臨終吧——因此特養、老健的送終率日益提升，日本的照護保險也更為安養院加計「送終照護」的配分。

安養院目前已成為入住者最後的棲身之所。即使是應該要協助入住者在家臨終的老健，也因入住期間拉長而「特養化」。特養、老健接受了此現況，會在收容入住者時與家人協商送終的方式。

選項有二——在寢室送終或送至醫院。目前仍有許多家人會選擇後者。因為有些鄉下仍認為「若不將當事人送至醫院會在親戚面前失了面子」。

以前在鄉下或窮人之間，醫院屬於「奢侈品」，甚至有孝子會感嘆：「真希望在父母死前能讓他們去醫院就診。」這種希望在醫院盡一切可能救治的心意，已淪為擺給親戚們看的場面，導致在醫院送終的比例擴大。如此一來，與其說當事人希望在醫院送終，倒不如說是家人的選擇更為貼切。

在醫院臨終還有將死亡自日常生活抽離的效果，當然也有地方刻意置死亡於光天化日之下。日本愛知縣西尾市的單位型特養「千年村」就是以所有房間都是單人房而為人所知。「千年村」是間約十人為一單位共同生活的安養院，正中央配置廚房、餐廳、客廳等共同空間，四周配置單人房。此外「千年村」有開放的出入口，供靈車停放。與離世者有往來的入住者會在靈車離開前齊聚一堂向離世者告別、送離世者離開。「千年村」刻意打造了能親眼見證死亡與別離的場景。齊聚一堂的高齡者經歷這樣的場景後會感到安心：「大家之後也會這樣送我走吧。」

在舉行相同儀式的其他安養院也有感動人心的小故事——曾有完全認不出誰是誰的高齡者參加儀式時，在靈柩被送走時深深一鞠躬，朗聲道：「這麼長的一段路，辛苦你了！」有其他的告別方式勝過於此嗎？

在家臨終者越來越多？

接下來談在家臨終。

「死亡醫院化」使人們不再選擇在家臨終，而是以在醫院臨終為主流。這種傾向最近出現逆轉。話雖如此，在家臨終的比例遲遲無法提升。看來要推翻「一定要在醫院臨終」的「常識」著實困難。

即使都是在家臨終，現代也與以往完全不同。以前的居家照護醫療水準很低。一旦臥床，出現褥瘡似乎是理所當然的事（不過我沒想到現在的日本人竟熟悉「褥瘡」這麼困難的漢字，若想請印尼籍或菲律賓籍的照護員協助，或許直接說明：「皮膚因臥床受壓迫而潰爛」比較簡單吧）由於當時衛生水準、營養水準都不高，一旦出現褥瘡，健康狀況往往會每況愈下。受到細菌感染，受照護者很快就會離世……因此以往的居家照護不會維持很久。負擔之所以變重，是因照護水準提升、照護期間拉長。換言之，即使是重症受照護者，也能藉由細心照護而延長生命。

不僅如此，居家照護之所以能落實，是因與具備照護能力的家人同住。之前所謂的照護資源是指媳婦。當同住的公婆需要照護，無論媳婦的意願如何，此重擔都會落在媳婦肩上。「無法拒絕的照護」是強迫勞動——即使我嘴巴很壞，這也不是我說的。美國的女性主義政治學者瑪莉．戴立（Mary Daly）曾在書中指出「無法拒絕的照護」是強迫勞動（forced labor）。真是一針見血啊。沒想到強迫勞動不只是集中營才會出現的情況，居家照護就可以看見。

不過在近年卻出現劇烈變化。媳婦逐漸不再是照護資源的重心，樋口惠子女士甚至宣言做為照護資源的媳婦已絕種。根據各項調查，當人們成為受照護者，依序希望由配偶、女兒、兒子照護。兒子的順位都比媳婦來得高。畢竟媳婦與公婆沒有血緣，彼此都會感到排斥。

此外，居家照護之所以能實現還有一個原因——除了由家人照護，也接受包括照護保險等其他人的協助。現在不只有專業的照護員，必要時也能申請到宅照護、到宅醫療等。足見以往與現代的「居家」完全不同。

死亡的臨床常識有所不同

最近與死亡有關的「常識」劇烈變化著——當我察覺此事並著手調查時，發現了一個有趣現象——市面上最近出現大量由醫療專業人士所寫，探討在家臨終的書籍。

沒想到最先提倡在家臨終的竟然是醫師。起因是曾在醫院急診室服務的醫師突然覺得：「這樣很奇怪……」

居家安寧療護（使受照護者在家臨終）的先鋒山崎章郎醫師於一九九〇年便撰寫《在醫院臨終一事》（主婦之友社，一九九〇年／文春文庫，一九九六年／繁體中文版譯為

《且讓生死兩相安》，方智出版）一書。儘管書名令人摸不著頭緒，但當時在醫院急診室服務的山崎醫師，對救護車將高齡者特地送至醫院臨終一事感到困惑。急診室是延長生命的地方。因此為心臟快要停止的高齡者進行心肺復甦術是山崎醫師的工作。當他將手放在心臟的位置向下壓，心電圖就會上升。他可以感受到高齡者脆弱的肋骨就快要斷了。高齡者的表情也變得扭曲。即使已失去意識還是很痛苦吧。此急救過程會持續數分鐘，只為延長那區區數分鐘生命，成了急診室醫師的成就感來源。醫院是「與死亡搏鬥的地方」，而死亡則象徵著醫療的失敗。

急救期間，家人無法靠近加護病房。得等到心臟再怎麼按摩都不再跳動、心電圖完全靜止時，家人才准許進入，聆聽醫師說：「我們盡力了。」之後家人就會抓著遺體放聲大哭——這是當時在醫院臨終的情況。臨終的現場就像工地一樣極為忙碌，家人也無法親眼看見當事人斷氣……因此山崎醫師認為：「這樣很奇怪……」臨終應該要安詳，卻變得像戰場般混亂……這樣好嗎？難道不能為當事人與家人打造一個平靜迎接死亡的地方嗎？因此山崎醫師決定成為安寧療護醫師，之後更成為居家安寧療護醫師，主張末期患者臨終不一定要在安寧療護病房，甚至不一定要在醫院，在家臨終即可。因為對患者來說，安寧療護病房也屬於醫院，不屬於日常生活。為此，山崎醫師在東京都郊外小平市成立了「照護城小平」。

《在醫院臨終一事》出版二十二年後，山崎醫師再撰寫了《在家臨終一事》（海龍社，二〇一二年）。儘管書名依舊令人摸不著頭緒，但他同年又與二之坂保喜醫師合著了《在醫院臨終太可惜了　歡迎蒞臨正視「生命」的新市鎮》（春秋社）。由此可知他在這二十多年來，立場有了一八〇度的變化，從醫院轉移至家。這段期間山崎醫師持續從事居家安寧療護，始終深信在安寧療護病房臨終比在加護病房好，而在家又比在安寧療護病房更好。

中村仁一醫師曾在不投入點滴等醫療的情況下為數百名患者送終，而他也撰寫了《想壽終正寢別去醫院　自然臨終最好》（幻冬舍新書，二〇一二年）。石飛幸三醫師曾經手一六〇名在安養院臨終的入住者，在他《平靜死去最好　再也無法以口進食怎麼辦》（講談社，二〇一〇年／講談社文庫，二〇一三年）提及，他從來不曾在病症末期為了緩和患者的疼痛而使用嗎啡。許多人會想：「死了就算了，能不能別讓我這麼痛？」根據石飛醫師的經驗，安養院的高齡者都不會喊痛，且大多平靜離世。只要看著他們的表情就能知道，他們真的沒有感覺到痛。

有些新發現足以顛覆死亡的臨床常識，而這些新發現帶來的證據，改變了日本人的臨終方式。

超高齡社會的死亡是緩慢而可以預期的。首先是漸漸變得衰弱而無法站立，就此臥床。之後會因無法進食而陷入飢餓狀態、無法飲水而陷入脫水狀態，接著因呼吸困難而以費力張口的動作呼吸，最後斷氣。末期時，大腦會分泌一種麻醉物質——腦內啡，有著和嗎啡一樣的作用。因此當事人不會覺得痛苦。這就是因衰老而壽終正寢的過程。因此一切應該順其自然，不該多此一舉讓醫療介入。瀕死時無法進食是理所當然的事，沒有必要插鼻胃管。無法飲水亦屬正常，更沒有必要打點滴。或許當事人開始瀕死呼吸，旁人看了會覺得很辛苦，但臨終前就會停止。當事人往往都是在不知不覺之間安詳地離世。因此有醫師甚至表示：「臨終不需要醫師，醫師只有在開立死亡證明時才會派上用場。」

有些衰老的高齡者會罹患癌症，癌症是一種老化的現象。因此當超高齡者罹患癌症，其擴散的速度會很緩慢，也就沒有必要施以外科手術等治療造成身體負擔。高齡的癌症患者離世，很難說真正的原因是衰老還是罹患癌症。

許多實踐送終的醫師都說：「若可以選擇，我會選擇因癌症而離世。」目前日本人的死因依序為癌症、心臟疾病、肺炎、腦血管疾病，再來才是衰老。會有如此排列是基於癌症的離世是（一）可以預期、（二）身體活動標準能維持至末期、（三）直到離世前意識仍保持清醒、（四）陷入昏迷狀態很快就會離世等，儘管也有人基於癌症的疼痛而退避三舍，但近年緩和醫療已有長足的進步。以前施打嗎啡止痛似乎會有技術好壞之分，據說現在能品質統一，避免這類問題。當然，我們無法選擇離世的方式，可是生於這個時代，我們毋需畏懼癌症的疼痛。根據中村醫師所說，高齡的癌症患者很少會喊痛。

居家安寧療護的先鋒

任何領域都有先鋒。

日本居家安寧療護協會第一屆會長川越厚醫師早在一九九四年就撰寫了《平靜的居家癌症療護記錄》（日本基督教團出版局），記錄他陪伴強烈意願「在家走完最後一哩路」患者的過程。在那個視「罹患癌症還選擇在家臨終？」為缺乏常識的時代，他支持患者的想法，同時驚訝於患者竟能如此安詳地離世。許多實踐居家醫療的醫師都因接觸患者、身處現場而受到啟發，那種感動使他們不辭辛勞前往見證。

到宅護理師的先鋒宮崎和加子女士曾撰寫《想在家臨終很任性嗎？由年資二十年的照護員談照護現場》（主婦之友社，一九九八年／筑摩文庫，二〇〇二年）。哦……當時還認為「想在家臨終很任性」呢。

二〇〇〇年後，與在家臨終有關的書籍陸續上市。像是川越厚與川越博美《居家送終——末期癌症患者之居家安寧療護現況》（講談社，二〇〇五年）、川越厚、柳田邦男《在家活著　選擇與支持居家安寧療護》（青海社，二〇〇五年）、川人明《希望在家死去──到宅看診三萬次的醫師眼中的生命》（祥傳社新書，二〇〇五年）、網野皓之《在家臨終最好　論生與死的十四章》（幻冬舍文藝復興新書，二〇一〇年）、中村伸一《在家壽終正寢　為了說出「我這輩子過得真不錯」這句話》（中公新書La Clef，二〇一〇年）等，幾乎都出自醫師之手，而且都是他們親身實踐居家醫療的記錄。一如玉地任子醫師在其著作《在家臨終　豐富的生命的選擇》（講談社，二〇〇一年）中呈現的，透過文字可以感受到第一線醫師的感動「沒想到在家臨終這麼美好」。

居家醫療領導者中野一司醫師在其著作《居家醫療將改變日本　從cure到care的典範轉移　提倡【以照護為核心的醫療＝居家醫療】之全新概念》（醫療法人中野會，二〇一二年）中熱情闡述他視「改變高齡者醫療的哲學與典範」為己任，而其關鍵在於「送終不需要醫療（cure）只需要支持生活的照護（care）」。

最近市面上還有一些為當事人與其家人而寫的實踐手冊。包括高瀨義昌《如何在家平靜地臨終　安詳在家離世能滿足當事人與其家人》（WAVE出版，二〇一三年）、大頭信義編著《選擇「居家安寧療護」──讓家人送終》（現代書林，二〇一三年）、悠翔會編著、佐佐木淳監修《如何為家人實踐居家醫療》（幻冬舍Media Consulting，二〇一二年）、長尾和宏《讓父母「壽終正寢」──為了幸福地為父母送終，子女要做的二十七件事》（EARTH STAR Entertainment，二〇一三年）、長尾和宏、上村悅子《家人為何為當事人選擇「安詳離世」——只有送終者才知道何謂幸福的臨終》（祥傳社黃金文庫，二〇一三年）、德永進《我也能送終》（Best Sellers，二〇一三年）等。川越醫師的《居家安寧療護／緩和醫療　透過演習學習照護的方針》（Medical Friend，二〇〇三年）則是針對專業照護員而寫。

相信大家從書名就可以看得出來，上述著作的讀者大多是送終者。接下來介紹的書則是針對臨終者而寫的實踐手冊。像是松永安優美醫師《「在家臨終」的心理準備——為了迎接幸福的結局》（Poplar，二〇一三年）、網野醫師《我想死在家裡　都市之居家醫療十二年》（日本評論社，二〇〇八年）等。沖藤典子女士於「改善高齡社會的女性協會」擔任理事，她使用第一人稱以受照護者的角度撰寫《即使如此我還是想死在家裡　寫於居家照護的第一線》（岩波書店，二〇一二年）一書。

雖說相關書籍眾多，但從經常強調「即使如此」的語氣來看，在家臨終的門檻還是很高。儘管沖藤女士在書中提及了單身高齡者的例子，還是感覺有些猶豫，沒有將其設為主題。

是不是意指，即使有家人，在家臨終的門檻都很高了，更何況是單身者？

不過卻有兩本書堂堂地以單身高齡者在家臨終為主題。首先是由《男性單身術》的作者中澤真由美女士撰寫的《單身者也可以在家臨終——協助人們平靜離開的醫療與居家照護》（築地書館，二〇一三年），再者是我自己與小笠原文雄醫師合著的《上野千鶴子舉手發問　小笠原醫師，一個人可以在家臨終嗎？》（朝日新聞出版，二〇一三年）。上述兩者皆是以第一人稱的角度出發。

像這樣回顧過去二十年的書單，我發現了幾件事——第一是大家越來越重視安詳離世、在家臨終。第二是讀者從醫療專業人士擴大至家人與當事人。第三是從專業醫療書籍成為一般書籍。第四是基於上述原因，越來越多大型出版社出版相關書籍，發行量也增加了。第五是從向家人呼籲轉變為向當事人呼籲。最後第六則是終於有書是以「在家一個人臨終」為主題了！

沒有與家人同住的單身者以往沒有「在家臨終」這個選項，現在有了全新的可能。

話雖如此，中澤女士的書名有「『也』可以」、我與小笠原醫師合著的書名則是加了問號。真希望能將「也」還有問號拿掉。所以我才將這本書的主題訂為「在家一個人臨終」。

CHAPTER 3

走向在家臨終的誘因

共同推動醫療照護之背景

日本政府正視超高齡化的現實，於二〇一四年六月通過共同推動醫療照護之相關法案，並自二〇一五年四月起依序施行照護保險之相關法案。

根據日本國立社會保障暨人口問題研究所的推算，若低出生率的情況持續，約半世紀後的二〇六〇年，日本的人口數將下降至八千多萬人。屆時，高齡者的比例預估將達到四成。

經濟學家藻谷浩介先生指出，日本之所以不景氣是因國內市場規模縮小，無法抑止。而增加人口的方法有二，自然增加（增加出生人口數）與社會增加（人口移動＝移民）。若要維持國內市場的規模，接受外籍移民也是選項之一。可是得像經濟團體於二〇〇〇年後所提倡的「一千萬移民時代」，才可能填補減少數千萬人的缺口。說不定一千萬人仍顯不足。日本政府一直使用「外籍人士」一詞而非「移民」。或許是因「外籍人士」只會在日本工作一段時間後，就會返回自己的故鄉，而「移民」卻予人「定居」的感覺吧。有些人認為少子化的王牌是引進外籍家事勞工（保母、管家等），但目前日本政府尚無計畫大量引進資淺的家事勞工。

年輕的社會學者古市憲壽先生直指，日本政府未能掌握住恢復人口的最後機會——也就是錯過嬰兒潮二代的生育期。日本的人口結構經歷了兩次躍升，第一次是戰後的嬰兒潮時、第二次則是嬰兒潮那一代邁入生育期時。我在嬰兒潮時出生，而我的孩子屬於嬰兒潮二代。戰爭確實是大規模的人禍，沒想到它對人口竟會產生如此深遠的影響。若依此情況推算，在嬰兒潮二代邁入生育期時，人口就應該有第三次躍升。可是嬰兒潮二代卻面臨晚婚化、不婚化、少子化等改變，因為年輕人謀職不易。事實上應該說是政、財、官、勞等各界的中年大叔結盟，聯合使年輕人不易謀職。政府高喊必須解決少子化問題的同時，卻不保障邁入生育期的男性享有安定的生活。政府究竟在做什麼？提及此事就會使我滿腔怒火，但我還是想要寫。詳情請參考拙著《女性之生存大作戰》（文春新書，二〇一三年）。

日本正歷經「從疊羅漢型社會到騎馬打仗型社會」這樣的變化，也就是由日漸下滑的生育年齡人口支撐日漸增加的高齡人口。政府之所以通過共同推動醫療照護之相關法案，也是因感受到了危機。

高齡者的年金制度

高齡者的社會福利奠基於下列環節。

年金、醫療、照護為其三大支柱，而中樞為居住。居住福利（確保住所）十分重要。接下來我將說明之前沒有討論到這一點的原因，與其他越顯重要的環節。

年金、醫療與照護在日本都屬於互助制度，也就是以國民年金保險、國民健康保險與照護保險等保險的形式運作。請留意，照護保險並未加上「國民」二字。照護保險從起初就沒有限制加入者的國籍。滿足一定條件且長期居住於日本的外籍人士，只要支付保險費用就可以使用照護保險的系統。年金保險與健康保險原本有限制加入者的國籍，將外籍人士排除在「國民」之外，後來才放寬條件。

日本面對其他國家時，上述三項健全的保險制度是值得自豪的地方之一。有些令人羨慕的國家不是以保險的形式運作，而是全額由稅金支付，相對來說，他們也得繳納較高的稅金。如此看來，日本對高齡者的社會福利水準絕不算低。甚至有人批評政府對高齡者比勞動者好。

健全的年金制度改變了高齡者與後代的關係，因為高齡者有了自己可支配的金錢（經濟來源）。以往家人同住一個屋簷下，家計往往共同管理（也就是只有一個錢包）。戰前一般日本家庭的家計大多由年長者掌握，也可以說年長者掌握經濟大權等實權。但那是在年長者還健康時，而當時的平均壽命不到七十歲。到了如此長壽的時代，當年長者活到可能罹患失智症、必須長期臥床接受照護的年齡時，就只能將管理家計的實權移交給後代，過著隱居生活。自此，年長者就成了大家眼中的麻煩人物。

所謂共同管理家計，等於依賴孩子。以往，若是與孩子同住，一般都由孩子負擔支出；若不與孩子同住，則依賴孩子提供的生活費……所以，當高齡者沒有足以依賴的孩子，生活往往就會過得很淒慘。

年金制度就像是由社會提供個人生活費。試想若孩子每個月以現金掛號袋將生活費寄到高齡者家中，高齡者在孩子面前豈不更抬不起頭來？

所以說，有了年金，父母就等於有了自己的錢包，而毋需依賴孩子。正因為有了自己的錢包，即使金額不高，父母也就沒有必要看孩子的臉色，甚至可以體會給孫子零用錢的樂趣。即使決定與孩子同住，因為父母有年金，對孩子來說也全然不是壞事。更有甚者，現在還有孩子成了啃老族，寄生在父母身上。有些人因為擔心少了年金的收入，即使父母死了也不辦理登記，甚至出現「高齡者失蹤」的情況。

日本政府施行照護保險時，有政治人物以「日本有孩子孝順父母的美德」為由反對，甚至有政治人物表示照護保險將破壞家庭傳統。若想要求所有人像自民黨企圖在修憲案中加入的內容「家人必須互助」，日本政府應該立即廢除年金制度。如此一來，高齡者就必須依賴孩子，而沒有成家的高齡者因無人依賴，自然會陷入悲慘的境遇。豈不完全符合保守人士口中的「自作自受」。

不過請別忘了從歷史的角度來看，社會之所以推動高齡者福利，都是為了減輕勞動者為高齡者所承受的負擔。有了年金制度，勞動者終於能放下孝親的重擔——勞動者之所以透過政治設計此制度，背後隱藏著這樣的真心話。

有了這樣的年金制度，健康保險、照護保險才得以成立。讓高齡者有了購買醫療、照護等服務的能力，否則健康保險、照護保險都將無法續存。

事實上年金制度面臨許多問題，包括財源受人口結構變化的影響、世代間分配不公平等。這些問題都很重要，留待專家討論。此處請容我聚焦於醫療與照護。

醫療與社會福利改革的未來

日本政府改革社會保險與稅制時，通過了共同推動醫療照護之相關法案。那是因擔憂約十年後的二〇二五年，嬰兒潮那一代將正式邁入老年，必須在那之前將健康保險、照護保險修訂成「能永續經營」。

醫療改革的內容如下：

（一）將醫療分為急性與慢性，並由醫院處理急性與高度醫療。

（二）控制病床數量與住院天數。

（三）廢止照護病床。

「永續經營」其實是節約的代名詞，所有政策都以如何避免醫療保險破產為立基點。

（一）是為了減少日本人只是感冒就帶著健保卡至大醫院看診的情況吧。比如說未來初診患者至大醫院看診的門檻會變得很高，沒有診所等醫療機構的推薦書就無法看診。許多社會福利完善的先進國家都有家庭醫師的制度。乍看之下是為患者著想，其實家庭醫師就像醫院的守門人——只要我不允許，你們就別想通過。若患者與家庭醫師的溝通出了問題，患者就會面臨悽慘的窘境。

（二）是為了縮短住院天數。與其他國家相比，日本的住院天數偏長。病床數量也與住院天數有關。住院天數拉長，就得增加病床數量；病床數量增加，就得設法留下患者。若使用民間的健康保險，像是美國，保險公司會嚴格審核而不理賠無謂的住院費用。因此患者在手術後第三天就出院也不稀奇，不像日本動輒就將患者留在醫院兩週。直至近年日本對於復健的觀念已有所改變（手術後就立刻活動身體），一旦患者能自己活動身體，就傾向讓其返家休養。

跟其他國家相比，日本的病床數量與住院天數又以精神科為最長。根據日本厚生勞動省的調查（二〇一一年），出院患者的平均住院天數為三二．八天。思覺失調症的患者甚至會拉長至五六一．一天，接著是失智症三五九．二天、阿茲海默症二三六．三天。要求醫院設法縮短，醫院也不能倉促因應。加上少了長期住院的患者，精神科將無法經營下去。為此，醫院逐漸將精神科轉變為針對失智症高齡者設計的療養科。值得注意的是，醫院為了維持相同的病床數量，企圖以失智症高齡者取代精神障礙者。這一點真的很可怕。

（三）廢止照護病床，是日本政府於二〇〇六年決定的方針。當時計畫於二〇一一年底廢止，但第一線工作人員大力反對：「廢止後，患者該何去何從？」因此延期。二〇一一年修訂照護保險法時，將期限延至二〇一七年。咦？只要延至二〇一七年，患者就有地方去了？想必不是移至成本較低的照護設施，就是協調患者返回家中。畢竟正是為了此事，才讓醫療與照護切割啊。

醫院是治療疾病、使患者活下來的地方，而不是讓患者死去。儘管與「從cure到care」不一樣，但將醫療與照護切割的宗旨相同。施行照護保險的主要動機是醫療保險的負擔過重，而負擔過重肇因於高齡者基於社會因素而住院。所謂的社會因素，是指不需要醫療的高齡者無處可去（因家人不接受而有家歸不得）只好長期占據醫院的病床……在醫院無法過著一般的生活，四人房、六人房只靠一條窗簾布相隔而毫無隱私。高齡者明明已不需要醫療，卻得被迫過著那樣的生活。不僅高齡者不幸福，醫院也無法發揮原本的機能。

有一件事，我直到現在仍無法忘懷。當醫師對一位基於社會因素而住院的高齡者說：「奶奶，醫院不能再為你做些什麼了，你回家吧。」那位高齡者聞言跪在床上並雙手合十：「醫師，拜託拜託、求求你，不要讓我回家。」女性在家必須做家事、帶小孩才有用，毫無用處的老太婆在家不受歡迎。加上女性通常是扮演照顧其他人的角色，若變得必須受照顧，在家中更是無法立足。因此以前的女性沒有「居家照護」這個選項。

即使動機不純，是為了將照護自健康保險切割。不過就「從cure到care」（中野一司醫師）的角度來看，將高齡者自醫院移至安養院並非壞事。

爾後即使高齡者的病情惡化，或許再也不能撥打一一九請救護車將其送至醫院。因為現在救護車常常得為了尋求願意接手的醫院而四處奔波。救災時有所謂「分診」的概念，說得白一點，就是決定哪些人能獲救、哪些人相反。救護車與醫院聯絡時，醫院問：「患者年齡？」也是一種「分診」。

我在第二章提及「死亡的臨床常識已然改變」。在超高齡社會，對能預期的死亡盡可能減少醫療的介入——這樣的「常識」日漸普及。就制度改革的層面來看，醫療也已瀕臨極限。

安養院非送終處

那麼是否應該在安養院臨終？

事實上，安養院並非送終處。儘管老健有醫師常駐，特養則沒有相關編制。到了末期，還是得將患者送至醫院——這是以往的常識。經營特養的社會福利法人，大多是同地區的醫療法人並與其建立合作關係。因此難免有人懷疑社會福利法人將入住者送至醫院，是為了提升醫院的診療收入……

老健與特養相同，也不是送終處。老健的目的是使患者安心度過出院後至返家前的過渡期。因此老健與特養不同，基本上入住期間為三個月，以不超過六個月為原則。目前老健的入住期間已越拉越長，甚至出現特養化的傾向。許多無處可去的高齡者只能一直待下去。老健或特養為高齡者送終的情況則日漸增加。曾有一間老健收容了越來越多需要照護的重症入住者，每年為兩位數的入住者送終（平均每個月會有一名以上的入住者離世），導致地方上盛傳「去那裡住就會被殺害」的謠言。

無論是老健還是特養，都不是自願想要為入住者送終。不僅值夜班的職員會緊張，人手也會比平時吃緊。他們明白若每個月為數名入住者送終，職員的負擔一定會加重，但為了使入住者安詳離世，他們選擇不予移動而於安養院內送終。到了二〇〇九年，照護保險才終於為安養院加計「送終照護」的配分。據說為入住者送終能為安養院的職員帶來巨大的成就感。以往在最後，安養院會將入住者送至醫院，職員們皆無法為入住者送終。這對職員來說是很遺憾的事情，畢竟照護入住者這麼久了，多少都會希望親自送入住者一程。

對醫院來說，死亡象徵著醫療的失敗；但對安養院來說，死亡是完成任務的終點。一開始或許需要為見證死亡的職員提供心理諮詢，但只要不以負面的態度面對死亡，持續累積經驗的職員反而會越來越有自信。後面第九章將詳細介紹名為「媽媽的家」的居家安寧療護服務（為群居的高齡者提供照護與送終的服務，不在照護保險補助範圍內）其經營者表示：「起初我們認為送終不需要有醫師，居家護理師在場就好。最近我們甚至覺得送終只需要照護員即可。」

話雖如此，這樣有良心的事例仍屬少數。許多安養院仍擔憂為入住者送終將引發入住者的家人埋怨。近年來，安養院終於開始在事前與家人協商送終的方式——在家人的同意下，決定要使入住者在房內臨終或送至醫院。家人同意使入住者在房內臨終的原因也很極端，可能是出於希望入住者能安詳離世的情感，也可能是基於打算一切交給安養院而不想支付額外費用的考量。不是最有心，就是最無情，即使動機不純，只要當事人認為好就好。

最令人傷腦筋的是「自立型」高齡者住宅與收費安養院。儘管高齡者享有完善的設備，一但問及：「萬一之後需要照護呢？」時，答案竟是：「沒問題，我們有照護房。」所謂的照護房，其實就是放著一張床的狹小單人房。或許有護理師常駐，但當事人還是得離開原本的房間，著實令人傻眼。既然如此，高齡者何必為了舒適的環境支付大筆金錢入住？

建議入住時一定要確認：「我可以在自己的房間臨終嗎？」若對方表示得增加費用，這代表著一個人如何走黃泉路也取決於他的經濟能力。請大家做好心理準備——離世也需要一筆費用。這件事告訴我們，一定要趁身體健康時挑選未來要入住的安養院。

在提供各項服務的高齡者住宅，在家臨終也是服務之一。儘管如此，在家臨終的比例並未成長，反倒是在安養院臨終的情況日漸增加。那是因高齡化、重症化使高齡者入住安養院的時間越拉越長，進而改變第一線的因應方式。安養院再也不能說：「我們沒有提供送終的服務」了。

安養院不再增加

既然如此，是否只要在安養院就能安心臨終呢？

事實上這不是日本政府的改革方向。目前日本全國未能入住特養的高齡者達五十二萬人，但日本政府並不打算設立更多安養院，甚至控管其數量。

設立安養院需向地方政府申請，目前地方政府傾向不再增加。那是因設立安養院、入住安養院的成本很高，會增加地方政府照護保險的財政負擔。尤其是地價高昂的大都市，設立具備四十個單人房的特養就得花費超過四十億日圓的預算，等於一張床就要價一億日圓。加上人事、各項軟硬體的維護與管理等營運成本也不容小覷。一旦設立安養院，地方政府的照護保險費用就得調漲。因為安養院的收容數量有限，甚至有人為了優先入住而請政治人物關說。如此一來，無法入住者就會覺得不公平。

據說目前申請入住人數平均是收容人數的三倍，但這也有城鄉差距。有些地方比較容易申請、大都市甚至可能有近一千人候補。有些地方的高齡化曲線開始下滑——儘管高齡者比例持續提升，但因人口規模縮小，有些地方的死亡者、高齡者數量開始減少。日本新潟縣長岡市有約三十萬人口，當地有間特養名為「辛夷園」。曾擔任「辛夷園」代表的小山剛先生日前即率先預言：「未來地方政府必須思考如何縮小安養院的規模。」

日本政府似乎也不打算增加特養。二〇一四年六月通過共同推動醫療照護之相關法案時，規定自二〇一五年四月起，申請入住特養者的受照護程度必須達到三以上。儘管這是為了提高入住門檻，但同時也是為了促進輕症受照護者住在家裡。所言甚是，我造訪安養院時也經常覺得——為何受照護程度一或二的人看起來這麼健康還是得住在安養院呢？只要有居家醫療的支援系統，他們就可以住在家裡了吧。這部份也是即使動機不純，只要結果是好的就不成問題。住在家裡，是高齡者懇切的願望。我真的覺得再怎麼完美的安養院，都不會有高齡者自願入住。

既然如此，高齡者應該在哪裡臨終呢？無處可去的高齡者甚至會被稱為「送終難民」、「死處難民」。不論高齡化的趨勢如何，每個人遲早都會離世。在死亡人數逐年增加且病床數量相同的情況下，在安養院臨終或在家臨終的比例將慢慢提升。可以推測在此條件下無法入住醫院、安養院又無法在家臨終的「送終難民」，一年最多有可能達到四十

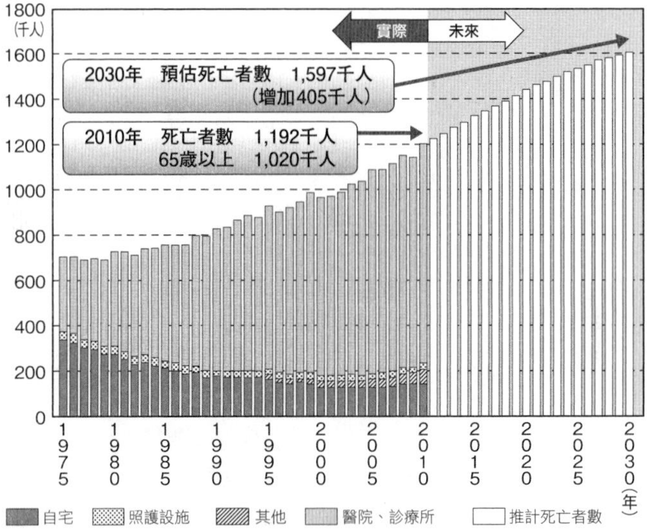

在不同死亡場所及死亡人數的各年度數據走向與未來推估

依據中央社會保險醫療協會的資料（2011 年）製作

萬人。你要成為其中一人嗎？

未來的我們何去何從？

若無法入住醫院、安養院……該如何是好？日本政府對此疑問提出的解決策略為——在家臨終。既然無法在醫院、安養院臨終，就在家臨終吧。為此，政府得打造在家臨終的基盤，包括大幅加計健康保險中居家醫療的配分，提供居家醫師優惠待遇，同時加計在家臨終的配分。

請容我再次強調，政府改革醫療與社會福利，是為了降低醫療與社會福利成本。即使動機不純，只要此舉能使高齡者幸福，就是一樁美事。

若住在家裡是高齡者懇切的願望，那死在家裡也一定是高齡者懇切的期望。若能突破「必須在醫院臨終」的常識，相信沒有多少高齡者願意在瀕臨死亡時前往醫院或安養院。

若在家臨終能實現，會是多麼美好的事啊。不過那得高齡者與家人同住，且家人願意為高齡者送終才行。難道獨居老人沒有這個選項？

到底該怎麼做才能使獨居老人在家臨終——這是接下來要面對的課題。

CHAPTER 4

高齡者是「住宅」的弱勢族群嗎？

照護人員家人化

前一章預言若高齡者無法入住醫院、安養院，有可能成為照護難民、送終難民。

話雖如此，這世上出現任何變化都不是自然現象，而是人為的社會現象。人們之所以可能成為送終難民，是因目前日本政府決定不增加病床、不設立安養院。若要怨恨政府，只能怨恨自己吧。畢竟政府是由選民所推舉出來的。

取而代之，日本政府企圖推廣在家臨終。一來沒有人規定一定要在醫院或安養院臨終，二來日本的高齡者持有不動產的比例甚高。加上不久前日本人都是在家臨終，因此政府決定推廣。

可是政府推廣在家臨終是以「與家人同住」為前提。取消對輕症受照護者的補助，是希望他們能「自立自強」——這呼應了自民黨企圖在修憲草案中加入「家人必須互助」的內容。

仔細想一想，將「家人必須互助」視為「自立自強」不是很微妙嗎？之前我在課堂上曾向學生說明「自助」與「公助」[5]的差異，並闡述所謂「自助」是指家人之間互相幫忙，學生的回應卻出乎我的意料之外：「既然是互相幫忙，應該是『共助』吧？」說的也是啊，一般人提及「自助」就是自助，亦即self-help。若無法獨自解決而得請家人幫忙，那麼就該是「共助」。

這樣一想，就會發現以前的「自助」多麼不可理喻。無論身心障礙兒童、需要照護的高齡者等，都以「自助」為名要求人們設法倚靠一家人解決，且絕大多數的重擔都落在女性身上。由此可知，「自助」是將「家人」視為一體的觀念。包括「夫妻同心，其利斷金」、「親子為命運共同體」等。即使這些觀念往往是強者用來說服其他人的說詞，明顯對丈夫、父母比較有利。

政府推廣在家臨終，等於是推廣家人照護。提出比較福利機制的艾斯平・安德森（Gøsta Esping-Andersen）稱之為照護的「再次家庭化」。我們可以從過去的經驗習得教訓。照護保險是照護社會化的第一步，但其成果可能以第二步、第三步的形式延續，也可能一不小心就退回原點。照護社會化的另一層意義為「脫離家庭化」，但這種改變不是單向的，也有可能「再次家庭化」。任何企圖刪減社會福利預算的國家，都會實施「再次家庭化」的政策。

5 日本在探討災害救助時，有所謂「自助」（個人、家庭）、「公助」（公家機關）與「共助」（自治會、企業）的概念。

未與家人同住的高齡者

推廣在家臨終一事之所以受到嚴重影響，是因為「在家」不等於「與家人同住」。日本施行照護保險至今已十五年了，期間高齡者的家庭結構產生劇烈改變。資料顯示許多高齡者未與家人同住，也就是所謂的獨居老人。根據日本國立社會保障暨人口問題研究所的推算（二〇一三年），高齡者中的僅夫妻同住者、單身者各占約三成，合計約六成。僅夫妻同住者一旦配偶離世就成了單身者，無論是孩子回父母家或父母至孩子家，這些人與孩子同住的機率顯著下滑。我們可以雙管齊下，透過孩子以及與孩子同住的高齡者，了解父母與孩子同住的實際情況。

對家庭有貢獻的高齡者很受歡迎，比如說領取年金而經濟無虞的高齡者。或是可以幫忙帶孩子的高齡者等。由於目前男女雙方都越來越長壽，女性的喪偶率到了七十五歲後才會高於有配偶率。屆時不僅孫子大了，照護丈夫並為丈夫送終的女性極有可能因身心失調而需要其他人照護。即使高齡者身體健康而不需要照護，家人一想到要住在一起就覺得麻煩了，何況是需要照護的高齡者？由家人照護的結果往往是：「對不起，請你去住安養院吧。」

明明有家、有家人卻得去住安養院……有這麼不可理喻的事嗎？事實上，直到我造訪安養院才發現應該說——正是因與家人同住，家人才會要求高齡者去住安養院。在施行照護保險之前，行政機關必須安置窮困的高齡者。但如今在安養院的收容對象已不再是只有無處可去的高齡者，幾乎所有入住者都有家人，且大多是基於家人的決定申請入住。若才剛與家人同住不久就必須被迫離開家裡，不如一開始就別與家人同住——因此我在《一個人的老後》以「甜蜜謊言」稱呼孩子開口詢問：「要不就一起住吧？」一事。

此外，我懷疑當入住安養院的高齡者表示：「我想回家」，意思不是指「我想回到家人身邊」，而是「我想住在自己的房子裡（無論是否與家人同住）」。其實八年前我就有這種想法，現在更是深信不疑。

自助型與共助型的高齡者福利制度

前一章提及日本的高齡者福利立基於年金、醫療與照護三項元素並以保險制度支應，分別是年金保險、健康保險與照護保險。此外，高齡者福利還得加上居住福利。日本稱保險制度為「共濟」，原本的意思是「共助」。大家從自己的口袋拿出錢來成立基金，並在有人遇到困難時給予協助。這是一種社會連帶原因。從未生病的人或許一輩子都用不到健康保險，一如猝死的人用不到照護保險；相對的，有些人獲得的補助可能超過醫療費用，也有些人申請全額的照護保險。對沒有遇到困難的人來說，保險制度並不公平。不過互相幫忙是「共助」的原則。

美國卻非如此。美國社會期許大家都能「自助」。因此直到歐巴馬總統上任前，美國沒有所謂的國民健康保險，所以保險才有「歐巴馬健保」之稱，且當初差一點因共和黨反對而無法成立。即使到了現在，反對派的勢力仍很強大、加入率也不高。若日後共和黨取得了政權，「歐巴馬健保」極有可能會被廢止。因為富裕階層大多已購買民間的醫療保險，不需要公家的健康保險。據說美國有三千萬人未加入健康保險，而貧困階層才是受惠於健康保險的主要族群。但是貧困階層的健康風險卻比較高，因此美國的富裕階層並不樂見「共助」，也不願意為了貧困階層而從自己的口袋裡拿出錢來。大家都知道保險業憑據由風險機率決定的統計學，個人所得與健康風險確實密切相關。美國的保險公司在針對富裕階層推出廣告時，都會強調：「你的健康風險很低，不需要繳交高昂的保險費用。」事到如今，在國民階層差距、健康差距如此大的社會，不可能實現資源再分配等社會連帶原理。相較之下，十八年前日本能在大家同意下施行照護保險這樣的制度，實屬奇蹟。

居住福利政策

包括上述三項高齡者福利的元素，最近有人指出居住福利也是高齡者福利中十分重要的第四項元素。回想起來，為何至今都沒有人將高齡者的居住福利視為問題呢？

高齡者被稱為「住宅的弱勢族群」。住宅的弱勢族群大多一輩子都在租房子，隨著年齡增長、收入減少，房租就成了沉重的負擔。不僅如此，更新契約、更換住所時許多房東不願意租給高齡者。除了擔心高齡者繳不出房租外，也擔心高齡者若在住所離世且隔數個月後才被人發現，不僅處理起來十分麻煩，房子也會變成凶宅。許多住宅的弱勢族群在年邁前就已如此，年邁後更是每況愈下。

日本人約六成持有不動產，比例隨著戶長年齡增加而上升。六十五歲以上的日本人逾八成持有不動產。這或許是受到日本戰後實施的不動產政策影響——許多上班族為購買不動產而向銀行抵押自己的一輩子，並為此必須一輩子都像「社畜」般在公司做牛做馬。但也正因如此，大多數高齡者絕對不是住宅的弱勢族群。

更有甚者，近年各地的空屋率皆因人口減少而上升。據說日本全國的住宅有一三・

五%空屋（二〇一三年）、東京都內有約一一%，等於七十五萬戶空屋（二〇〇八年）。這些數字令我十分吃驚。

事實上，我曾聽說首都圈[6]郊外一些交通不便的團地住宅[7]有出現大量空屋。許多高齡者的名下都有不動產，尤其是女性——我在閱讀「改善高齡社會的女性協會」的調查資料時，發現了這件事情。這個協會經常會以會員為對象，獨自進行調查。根據二〇〇二年的調查，約七成會員（女性）面對「你的名下有不動產嗎？」這個問題時回答：「有。」

當然這必須考量到這個協會的會員都具備平均以上的知識水準與經濟能力。以前日本有句話說：「遍尋三界[8]，沒有女人的房子」，可見時代已然改變。不動產通常被認為是為丈夫送終後的獎賞。為了保障妻子的地位，日本於一九八〇年修訂民法，將妻子繼承遺產的比例自三分之一提升至二分之一。二〇〇七年導入「離婚時年金分割制」，將妻子領取丈夫年金的比例也提升至二分之一，至今我未曾聽說過因這件事造成晚年夫妻的離婚率大幅上升。看來大部份的妻子認為與其領取最多二分之一的年金，不如等丈夫離世後領取四分之三的遺眷年金。因此我稱妻子的遺產繼承權與遺眷年金領取權為「丈夫的送終保障」。

為丈夫送終的妻子還有另一個獎賞——保險金。這是經濟學家荻原博子告訴我的。嬰兒潮世代的妻子大多是家庭主婦，幾乎人人都會購買人壽保險，原因是考慮到若丈夫在孩子尚未長大時發生意外離世。那個世代也是保險公司以「保險阿姨」為名，大量雇用中老年女性保險員的時代。當時許多人因地緣、血緣的「人情」購買二、三種保險。或許有人因不景氣而無法繼續支付保險費用，只得解約；但幸運繳完的人，就能在丈夫離世時獲得一筆保險金。到了無法也毋需二次就業的年齡，這筆保險金或許是女性一生中第一次取得的巨額財富。或許這可以說是妻子的退休金吧。

加上日本高齡者的儲蓄率很高，平均每戶儲蓄額都超過兩千萬圓。

因此一半以上的日本高齡者，包括女性，都有一定的動產與不動產，只是仍有貧富差距。

6 根據日本政府於一九五六年制定之「首都圈整備法」與「首都圈整備法施行令」，「首都圈」是指東京都、埼玉縣、千葉縣、神奈川縣、茨城縣、枬木縣、群馬縣與山梨縣部分區域。

7 基於開發計畫大量興建的密集廉價住宅。

8 佛教用語，意為「欲界、色界、無色界」，也就是生死往來的全世界。

為何一定要離家？

此時會出現一個單純的疑問——既然如此，為何不能一直住在家裡呢？

第一個原因正是與家人同住。或許有人想：「怎麼會？應該是沒有與家人同住吧？」事實上，正是與家人同住才會被送至安養院或醫院，即使房子是在自己名下。因為高齡者的孩子握有決定權，若非如此，高齡者基於為孩子與其家人著想也主動傾向入住。我記得當我問：「為何入住這間安養院？」有人回答：「兒子拜託我，我就答應了。」當時我聽了感覺胸口滿滿的。日本的高齡者，尤其是女性，十分為兒子著想。她們想扮演好母親的角色，總是不顧自己而以兒子為優先，直到死為止。

若不與家人同住，情況又是如何？

居住福利最基本的原則是——居住時不需要經過任何人允許，也沒有人會要求你離開。這樣說起來，獨居老人只要一直住在自己名下的房子就好。為何連這件事都難以達成？

第二個原因也是家人的決定。幾乎所有獨居老人都有不住在一起的家人，他們會因覺得「不該放你一個人不管」而決定將其送至安養院。現在的高齡者經歷了結婚率相當高的時代，大多數女性都會結婚生子，加上兄弟姊妹也不少，甚少高齡者是真的無親無戚（不過，之後無親無戚的高齡者應該會越來越多吧。）在此情況下，若高齡者過著獨居老人的生活，家人就會遭受：「怎麼能讓一個老人家獨居呢？」的批評。鄰居也會要求家人負責：「萬一發生火災呢？」「萬一他失智了在附近走來走去回不了家呢？」若一個地區明明有獨居老人，卻突然很久沒有看見了，很可能是「人在遠方的女兒把他（她）接去同住了」、「孩子安排他（她）去住安養院了」等原因。以往的社會沒有想過高齡者會獨自居住，因此視其為一種「惡」，欲除之而後快。

第三個原因是缺乏居家照護的支援系統。獨居老人之所以陷入窘境，是因居家生活缺乏支援系統。生活是指進食、排泄與清潔。也就是說，只要有飲食照護、排泄照護與清潔照護等「三大照護」，即使是需要照護的獨居老人也可以一直住在家裡。若家人不說：「你離開吧」、「不能放你一個人不管」更是如此。現今正是因缺乏支援系統，高齡者才必須離開家裡。

除了安養院，近年還有提供各項服務的高齡者住宅（後文簡稱「高住」）。高齡者住宅的歷史並不長。日本於一九八〇年代引進高齡者共同住宅（senior cooperative house），而公共住宅中出現自立型高齡者住宅則是一九九〇年代的事。至今世界各地曾有集居（collective living）、居住共同體等多世代型居住形態，沒有專門為高齡者設計的共同住宅。即使沒有特別設計，隨著集合住宅的屋主年齡增長，集合住宅自然成了高齡者共同住宅。三十年過後，新城變老城。

話說回來，為何高齡者一定要住在一起呢？因為他們是弱者、需要照護。也就是說，若他們能自立，似乎就不需要住在一起了。

安養院是站在照護者的立場而設立——將受照護者集中在一處，不僅方便、有效率且成本較低。醫院亦然。病床的高度是為了方便醫療者作業而設計，因此不會在乎患者難以上下床的問題。患者總想著住院一段時間就會離開，才能忍受醫院裡毫無隱私的多人房。通常安養院的入住期間很長，是入住者的「生活」。自由作家小笠原和彥先生稱特養為「沒有出口的家」（小笠原和彥《沒有出口的家　警衛眼中的特別養護老人院的夜晚與白天》現代書館，二〇〇六年），除非變成屍體，否則無法離開。

為維護高齡者的尊嚴，有些安養院開始強調單人房。這是安養院住宅化的趨勢。自二〇〇三年起，單人房型特養稱為「新型特養」。日本厚生勞動省原本堅持若非新型特養就不予補助，但到了二〇〇五年卻又取消入住者的居住費，要求入住者自行負擔。入住者大多是低收入戶，根本無法負擔，導致新型特養經營者愁雲慘霧，感覺「先被捧上天再被重摔在地」。

安養院住宅化與住宅安養院化

在安養院住宅化的同時，也出現住宅安養院化的趨勢。也就是前文提及的高住。前不久這樣的高齡者住宅有「高齡者專用租賃住宅」（高專租）、「高齡者優良租賃住宅」（高優租）等名稱。母法「確保高齡者居住穩定性之相關法案」（高齡者住所法）於二〇〇一年制定，而二〇一一年經大幅修訂並統一管理。在那之前，日本的高齡者由厚生勞動省負責、住宅卻是由國土交通省負責。

一如前文所述，地方政府擔憂照護保險的財政負擔而對設立安養院一事持消極態度。因此在行政機關允許的情況下，出現了全新的產業。其實高住原屬租賃業，即使特別針對高齡者設計，也毋需經過地方政府或厚生勞動省許可。只是高住的租金並不比行情低，甚至因提供各項服務而以管理費之名收取更多費用。因此許多對經營安養院一竅不通的建築業公司大舉加入戰場，導致高住如雨後春筍般增加。為了使放牛吃草的狀態有所規範，日本政府才制定了上述法律。

高住既是高齡者「住宅」，想當然耳會有廚房、衛浴，且無障礙空間設計完善。根據標準，面積最低為二十五平方公尺（約七．五坪），只要有共用的廚房與浴室，就不規定每戶皆需附有廚房與浴室。在這種情況下，面積降低至十八平方公尺（約六坪）。儘管我懷疑這樣的面積能否稱得上「住宅」，不過高住不只是高齡者的集合住宅，還提供各項服務。服務包括照護、醫療等常駐人員，也可選擇供餐。

由於高住的成本較安養院低，因此地方政府對設立高住的態度積極許多。若設立於地價高昂的大都市，其租金也會隨著該地區的行情而增加。

日本以東京都的地價最高昂。在石原慎太郎先生擔任知事、豬瀨直樹先生擔任副知事時，豬瀨先生同時是「實現符合少子高齡時代的全新『住所』」專案小組的主持人。他們於二〇〇九年提出的報告簡直令人無言。報告中指出，東京都規定若有共用的廚房與浴室，每一戶竟然可以只有四坪。儘管中央規定至少要六坪，但礙於成本太高，因此東京都獨自制定了不同的標準。東京都的選民原本就傾向推舉愛與中央唱反調的都知事，常常以「地方分權」、「地方主權」為名卻制定出那種標準，實非高齡者所願。說話難聽一點的人甚至批評：「簡直就是供餐的高齡者三流旅館。」竟然要高齡者住進現在年輕人完全看不上眼的狹小房間。我看了很生氣，那份報告指出，東京都將依照那種標準興建六千戶高住。爾後豬瀨先生就下台了，此計畫有付諸實行嗎？

基本上，高住是保有個人隱私的單人房。若是所謂的自立型，高齡者其實不需要住在一起；但若高齡者難以自立，高住也不像安養院般明確規範了責任歸屬。管理制度也因經營者不同而參差不齊。

我最大的疑問是——既然高住就是租賃住宅，高齡者明明有自己的住所，為何還得特地支付租金搬去高住呢？

我曾與自初期就投入高齡者共同住宅的業界先鋒——一般社團法人社群網絡協會的近山惠子女士對談，當時我問到為何高齡者一定要住在一起？她的答案十分明快：「這是在合購『心安』。」即使對一個人來說負擔過於沉重，與朋友一起購買就能以較低廉的價格購買高品質的「心安」。

原來如此，我懂了。若是有餘力個別購買服務的人，就不需要住在一起了吧。再怎麼說，特地離開家裡支付租金搬去高住，實在是本末倒置。若打算以支付租金的成本購買自費服務，數量應該不少。高齡者住在一起，是為了節省服務的移動成本。不過在人口密集的大都市，移動成本不若鄉村高。若原本就住在團地住宅或集合住宅，也可以直接在自己的房間內接受照護。高住處都有緊急求救按鈕，管理室的管理員會在接到訊息的五分鐘內趕到。但若一想起居家護理站的護理師也可以在十五分鐘內趕到，就覺得差異似乎不大。高齡者真的需要搬進租賃住宅嗎？

我不認為住宅只是一個箱子，那應該是充滿回憶與經驗的生活場域。就像自身體延伸出去的一部份，使我們在黑暗中也對每個開關瞭若指掌……再怎麼破舊、再怎麼髒亂，高齡者還是想住在自己的房子裡。我完全明白這種心情。

可是「想住在自己的房子裡」與「想與家人同住」能劃上等號嗎？以往居家照護等於家人照護，而我的疑問是——居家照護可以排除家人嗎？這部份我將在下一章說明。

CHAPTER 5

居家安寧療護的實踐

推動居家安寧療護的政府

一如前文所述，二〇一四年六月十八日日本國會通過共同推動醫療照護之相關法案，開始推廣在家臨終。日本政府的目標是人們「幾乎都在家裡，偶爾前往醫院」。為此，政府要求醫院提升患者返家療養的比例，以抑止長期住院的情況。那麼在安養院呢？事實上政府也不樂見人們在安養院接受診療，甚至有人們可能無法入住安養院。因為政府提高門檻，受照護程度必須達到三以上才能申請入住特養。政府盡可能不設立新的安養院，候補者卻未見減少。我已在第三章說明，根據厚生勞動省的試算，儘管死亡人數將逐年增加，若仍維持與目前相同的病床數量，一年最多將有四十萬名送終難民……

最後一個辦法就是在家臨終。既然在醫院臨終、在安養院臨終的高齡者都不幸福，那只要使人們安心住在家裡就好。不過現實卻非如此。提高照護保險的補助門檻、提高高收入者（令人不敢置信的是，年金收入超過二百八十萬日圓即屬於高收入者）的自付額至兩成，都會抑止照護保險的使用率。一旦支援系統減弱，就無法使人們安心住在家裡。日本的選民共同推舉了一個令人會對老後生活感到不安的政府。

讓整座城市成為醫院：「尾道方式」

即使動機不純，推廣在家臨終卻是好事。因為那是高齡者懇切的願望……我一直都這麼認為，要讓人們能安心住在家裡。

現在終於有使人安心住在家裡的機制，也就是近年備受矚目的居家醫療，無論哪一個領域都有先驅者。

距今二十年前以上，有醫師協會企圖使整個城鎮成為一座醫院——由於這個點子起源於廣島縣尾道市，因此稱為「尾道方式」。內容以「家是病房、道路是走廊、醫院則是護理站」的構想。患者不需要住院，改由醫師、護理師至家中看診。

片山壽醫師於一九九一年提倡此想法、於二〇〇〇年就任尾道市醫師協會會長，帶動整個醫師協會。照護保險是非常大的助力，隸屬於醫師協會的醫師們，九成以上都會出席當事人與其家人與會的照護會議（提供服務者會議）。也許你會認為醫師出席照護會議，是理所當然，但大多醫療與照護的合作並不十分密切。醫師不僅忙碌且自視甚高，召開照護會議的照護經理人很難開口邀請醫師出席，即使開口邀請了，對方也經常以工作忙碌為由婉拒……當然，醫師出席照護會議無法獲得實質報酬——這種制度也是問題之一。

地方上獨立開業的醫師隨時可以至家中看診——這種感覺真是令人懷念。這在人口數約十五萬人的城鎮──像是尾道市──或許可行。不過在「尾道方式」出現後，各地獨立開業的醫師還遭遇著後繼無人的窘境。不說旁人，我的父親在北陸的鄉下獨立開業，也是後繼無人。父親被半夜的電話聲喚醒，提起沉重的看診包走入飄雪中的背影，令年幼的我留下深刻的印象。即使父親承諾假日要帶我們出遊，也經常因患者一通電話而取消。儘管我們年幼時會埋怨：「爸爸都說話不算話。」之後回想起來，我才發現父親是將患者放在家人之前的良心醫師。

當時培育醫師以高度醫療為目標，致力培育於專科病房服務的專科醫師。獨立開業的醫師不是被視為繼承家業的第二代，就是無法忍受嚴峻環境的逃兵而備受輕視。因此當我遇見基層醫療照護的年輕領袖松村真司醫師──居住在東京都世田谷區，第二代的獨立開業醫師──他對於區域醫療的熱情著實令我驚訝。畢竟與他同世代的醫師大多是以高度醫療為目標的專科醫師。目前居家醫療再次受到矚目，請容我以崇敬之意頒給松村醫師這個稱號──「足足慢了一圈的頂尖跑者」。

說實話，對於涉足居家醫療一事，我猶豫了好長一段時間。我身邊有人是醫師，因此我十分了解醫師的生態，並一直避免與醫師往來。尤其是獨立開業的醫師，我一直認為他們不了解組織文化，是缺乏社會性的典型人物。現在身為學者的我，學者缺乏社會性的程度不亞於醫師，我不能五十步笑百步。

我切身感受到與醫療專業人士相比，照護專業人士大多擁有體貼、美好的人格。在這個社會，獻身於低報酬工作的人們往往都是好人，那些有財有勢的人卻正好相反。更有甚者，願意率先挑戰沒有人願意做、沒有錢可以賺的事物的先鋒往往都是好人，而等到有人成功後才一窩蜂加入戰場的人的結局則有好有壞。這樣一想，就會發現在居家醫療未能謀利時就視其為使命的先鋒，一定是值得尊敬的醫師。因此我決定拋棄先入為主的觀念。松村醫師即是值得尊敬的醫師之一。

足足慢了一圈的頂尖跑者

「死亡醫院化」領先了一圈後，居家醫療再次復活。不過現在的居家醫療與以往的居家醫療完全不同。

首先是人口結構徹底改變了。高齡化加劇、高齡者增加、需要照護者增加及需要照護期間拉長。約七成高齡者會固定前往醫院看診，而健康保險有五成以上都是高齡者在使用。高齡者幾乎無法擺脫疾病。

再者是受到高齡化的影響，疾病與死因也異於以往。高齡者大多罹患慢性疾病而非急性疾病，病情惡化的速度較慢，不太會突然出現狀況。八十歲以上高齡者的死因依序為癌症、心臟疾病、肺炎、腦血管疾病，再來是衰老。癌症也是一種老化的現象，特徵是死亡可以被預期。過去感染症是日本人數一數二的死因，明明只要送至醫院急救就能避免憾事發生的情況已大幅減少。

最後是家庭結構也大大不同。以往「在家」是指在三代同堂的大家庭，有著「媳婦」這樣的人手；現在「在家」則大半是獨居或僅夫妻同住。因此即使「在家」也沒有家人同住，不能將家人視為照護資源。推廣在家臨終，必須假設高齡者「回到沒有人的家」而不是「回到家人身邊」。

由於提倡居家醫療，我的心中持續浮現「過往真是美好」的情懷。攝影師國森康弘先生以居家照護為主題拍攝的寫真書《生命傳承——送行者》系列、《小戀第一次送終　正視奶奶的死亡》、《NAMI奶奶變成月亮了　在家在故鄉「離開」》（農文協，二〇一二年）掀起一陣話題。他以相機記錄了奶奶在親朋好友環繞下，最後在榻榻米上離世的過程。為奶奶送終的，還有平時提供醫療服務的醫師——日本滋賀縣東近江市永源寺診所的花戶貴司醫師。那些寫真書令人動容並不禁感慨：「是啊，日本人自古以來都是這樣離世的啊。」

不過感動到此為止即可。我更擔心的是，這些寫真書值得出版，是因現在絕大多數的

おおばあちゃんは、
その夜おそく、
ひっそり息をひきとったんだって。

いつもの眠っているような顔。
すこしだけ
お化粧をしてもらった。

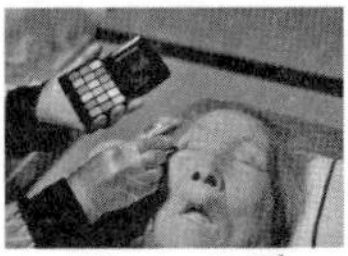

《小戀第一次送終　正視奶奶的死亡》內頁 P 6 - 7

日本人無法期待那樣的經歷，或即使期待也無法成真。

書裡的「小戀」不是孫子，是曾孫。以前日本人還沒有長壽到可以看見曾孫出生，而在三代同堂甚至四代同堂的環境裡支援在家臨終的照護資源正是媳婦。我長年居住在京都。對我來說，「穿越比叡山隧道，就是彷彿還停留在前現代的滋賀縣」是一段痛苦的回憶。因為我曾在滋賀縣演講，演講後收到許多煩惱的女性詢問。我實在沒料想到滋賀縣女性的煩惱竟會給人時空錯置的感覺，且大多是婆媳問題，這與京都市女性的煩惱大相逕庭。我感覺被打敗了。當時是一九八〇年代，距今近三十年。滋賀縣是否已有所改變？

從CURE到CARE

我曾提及「死亡醫院化」後的居家醫療已不同以往，「從cure到care」這句話完全展現了此轉變。住在鹿兒島市的居家醫療領導者中野一司醫師表示——醫院是cure（治療）的地方，住所是care（照護）的地方。醫院是與死亡搏鬥的地方，住所是接受死亡的地方。若不治療，醫師就毫無用武之地。醫師在醫院是主角，但在住所只是陪伴家人、照護員、護理師的配角。在照護的現場，醫師本應該是照護員、護理師等合作團隊的一員。

不過不知道是基於職業的使命感或自視甚高的態度，醫師總是不習慣擔任配角，很難接受這種狀態。因此中野醫師的主張遲遲無法在醫師之間普及。對習慣維生醫療的醫師來說，即使知道因衰老離世應盡可能減少醫療介入，但還是需要一番努力才有辦法抑止。

觀察居家送終的現場，最近有人認為：「臨終不需要醫師，居家護理師在場即可。」甚至有人認為：「其實也不需要護理師，照護員就能送終。」持續累積送終經驗的照護員，想必會越來越有自信。畢竟以往送終時，現場只有家人，沒有醫師也沒有護理師。現在照護員已能為當事人送終。

使醫師成為照護員、護理師等合作團隊的一員，邀請醫師出席照護會議是方法之一。

不過一如前文所述，那並非易事。我與松村醫師一同前往患者家中看診時，與其合作的照護經理人告訴我松村醫師出席了每一場由他負責的患者照護會議（與其直接詢問當事人，我更相信其周圍的證詞）。我也可以感受到照護經理人信賴松村醫師的程度。當我說：「好厲害啊。」松村醫師的反應是：「有嗎？不是應該的嗎？」他以理所當然的態度做著「理所當然」的事，真的很厲害。

客場的醫療

對醫療者來說，居家醫療著實不容易。醫療新聞工作者大熊由紀子女士以十分精妙的足球賽來比喻著：「在醫院就像在主場，在住所就像在客場。」的確，醫院設計時考慮的是醫療者作業是否方便，並非患者的需求。患者之所以可以忍耐、適應，一是因希望得救、二是因想著住院一段時間就會離開。然而居家醫療的地點卻是患者的住所，一切事物都是依照患者的生活習慣配置，前往看診的專業人士只能配合。他們得在連水龍頭在哪裡都要開口詢問、難以擺放點滴架的空間——就像是在不利於自己的客場戰鬥。

相反的，住所是患者生活的地方，患者才是主角。即使醫師嘴巴上總說：「患者是治療的主角。」但當患者躺在醫院的病床上，就只是依照器官分類的病人，必須時刻遵守醫師與護理師的指示。許多醫療者實踐居家醫療時，對患者在家裡竟如此朝氣蓬勃而感到驚訝。對此，《一個人死去也無妨》（朝日新聞出版，二〇一四年）的作者奧野滋子醫師曾在書中提及有患者說過：「若是住院，疾病是我生活的一切；若在家裡，疾病就只是我生活的一部份。」

話說回來，稱呼「患者」是站在醫療者的角度。在那之前，所有患者都是「生活者」。在家裡，每個人都能確實身為生活者，而患者只是當事人其中一種身分，而非全部。因此當事人不會覺得疾病是自己生活的一切……若在醫院是全職的患者，在家裡就是兼職的患者。我們的目標是使「癌症患者兼職化」。當人們擺脫患者的身分，自然能朝氣蓬勃。

許多專業人士證實，居家醫療擁有醫院缺乏的神奇力量。包括所有案例都證實來日不多但返回家中卻又多活了數月的患者、在醫院無法進食但返回家中卻又能吃能喝的奶奶等。甚至還有患者指出癌症末期的疼痛，在醫院與在家感受到的程度完全不同。知名居家護理師秋山正子女士曾出版《居家照護的神奇力量》（醫學書院，二〇一〇年），看來住在家裡真的會出現許多超乎專業人士想像的「奇蹟」。

在此介紹一個事例——吉田惠子與吉田利康賢伉儷根據真人真事而合著的繪本《有

IBIRA的家》（自費出版，二〇〇九年）。據說「IBIRA」是一種住在家裡但肉眼卻無法看見的妖怪。故事中的母親有兩個孩子，分別就讀大學與國中。母親在癌症末期後返回家中，平時生活就送孩子出門、等孩子回家，與孩子一同折衣服、外出散步。這樣再尋常不過的日常，對家人來說卻是無可取代的時光。若母親住院，就不可能有這樣的互動。這樣的奇蹟，是「IBIRA」的傑作。

我在第二章介紹的山崎章郎醫師原是外科醫師，爾後成為安寧療護醫師。《河邊家安寧療護插畫日記　送心愛的人離開》（與山崎醫師合著，東京書籍，二〇〇〇年／改訂新版，聖公會出版，二〇一四年）的作者河邊貴子女士記錄了丈夫住進「盡可能貼近住所」的安寧療護病房並在家人環繞下臨終的過程。內容感動人心，當時主治醫師正是山崎醫師。丈夫到了癌症末期後，河邊女士一直在病床旁照料，並盡可能設法讓病房像家一樣。比起「像家一樣的病房」，直接將「家」成為病房或許更好。雖然山崎醫師認為安寧療護病房還是病房，開始企圖將在安寧療護病房送終的情況轉變為在家送終。儘管安寧療護病房有住所缺乏的醫療團隊，令人安心，但安寧療護病房予人的印象始終是「等死的地方」。若能將醫療服務送至住所，就毋需在人生走到最後一哩路時移至安寧療護病房，可以直接在家臨終——這就是所謂的「居家安寧療護」。

向第一線學習

與我合著《上野千鶴子舉手發問　小笠原醫師，一個人可以在家臨終嗎？》的小笠原文雄醫師目前是日本居家安寧療護協會的會長。該協會成立於一九九五年，第一任會長是居家護理師川越博美女士，其與丈夫川越厚醫師是居家安寧療護先鋒中的先鋒，兩人三腳努力至今。小笠原醫師則是第二任會長。

川越醫師在東京都舊城墨田區經營診所「Pallium」。在墨田區，經濟能力較差的人很多，申請生活津貼的比例與門檻都很高。川越醫師斷言：「若這裡能實踐居家醫療，日本所有地方都可以。」

川越醫師自一九八〇年後半開始致力於提倡居家安寧療護，他在著作《我想死在家裡與家人一同為癌症患者送終的記錄》（保健同人社，一九九二年）中記錄了與患者的家人一同摸索並企圖實現患者想法的過程。一九八〇年代後半，是「當患者罹患癌症，醫師仍會猶豫是否應該告知患者」的時代，也是「若患者希望在家臨終而不是在醫院臨終，會被視為『任性』」的時代。

川越醫師曾出版《Active Death　真快和尚對死亡的選擇》（岩波書店，一九九七年）。真快和尚——江戶川區唐泉寺住持高田真快，選擇到了最後也要依照自己的想法「即身成佛」，也就是在家臨終。川越醫師在著作中記錄了真快和尚的最後兩個月，並以「Active Death」稱呼真快和尚的死亡——由患者選擇，並由患者家人與醫師共同合作創造的「積極的死亡」。

真快和尚的妻子正圓女士[9]為丈夫送終後，自己也罹患了癌症。當時我獲得與川越醫師一同探望正圓女士的機會。在住所與病魔搏鬥的正圓女士基於之前為丈夫送終的經驗，毫不遲疑地選擇了在家臨終。她十分信賴川越醫師也是原因之一。眾多親戚與信徒出入正圓女士的房間，使現場猶如熱鬧的廣場。

居家醫療的先鋒有一個共通點——向患者學習的態度。率先推翻「在醫院臨終」此一常識的，不是醫師，而是患者。顛覆常識而決定返回家中的患者，陸續創造了許多奇蹟，像是瀕臨死亡卻恢復食欲與精神、感覺只剩數日壽命卻多活了數月、之前只能臥床卻變得可以行走等。醫師透過親身經驗體認到居家醫療的神奇效果，以及守護患者的妖怪

9 日本政府於明治維新時發布僧侶可「肉食妻帶」，也就是可以葷食、結婚而不需要遵守佛教的戒律。自此，「肉食妻帶」成為日本佛教部分宗派的特色之一。

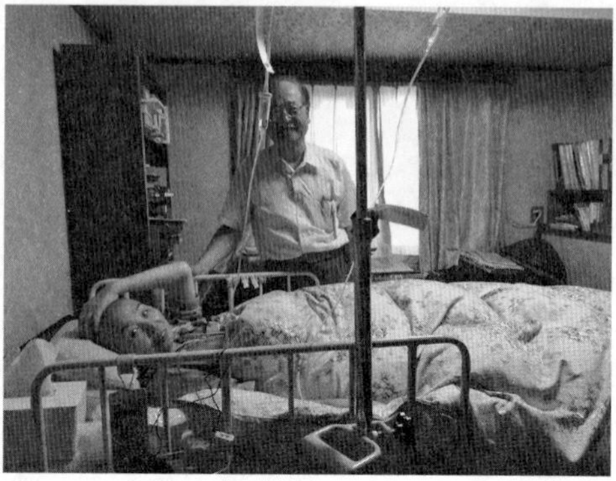

川越厚醫師與高田正圓女士

「IBIRA」的力量。

小笠原醫師過去曾在大學醫院服務，因眼睛不好而決定離開醫療第一線，成為獨立開業醫師，當時他感到十分挫折，並為了償還貸款而開始提供居家醫療的服務。初期的他在患者家中，根本不知道自己該做些什麼。他坦承所有重要的事，都是護理師教會他的。聽到一般認為重視權威的醫師如此謙虛的告白，我非常感動。現場的事，向現場的人學習——抱持這種學習態度的醫師，打破了我對醫師的偏見。

遺眷為地區資源

不過任何美談、佳話，都有家人存在。有家人很好，那像我這樣沒有家人的獨居老人該如何是好？

山崎章郎醫師約十年前成立「照護城小平」後，曾為約六六〇戶送終。也就是說，小平市有六六〇戶遺眷。山崎醫師曾表示——有送終經驗的遺眷，是當地的地區資源。這些遺眷組織起來從事志工服務，且每年舉辦兩次交流會加深彼此的互動並感恩彼此的貢獻。例如聆聽甫為家人送終遺眷的煩惱、哀傷撫慰、支援需要協助者等，都是有送終經驗的人才能勝任。這樣的組織是醫師的一大福音。醫師在面對因失去家人而感到茫然自失與哀傷的患者，是很沉重的負擔。若有一個團體，成員都曾克服相同的困難，可以共同分擔痛苦、互相提供建議，就能大幅減輕醫師的負擔。醫師只要在送終後告知遺眷有這樣的團體就好。

由有送終經驗的遺眷組織的團體……起初聽說時，我不禁浮現許多疑問。遺眷是誰？丈夫還是妻子？男性還是女性？根據資料所示，遺眷極有可能是為丈夫送終的妻子。僅夫妻同住者遲早會成為獨居老人。孩子應該不會回到父母身邊。如此一來，所謂「遺眷」就是還留在世上的妻子，而她們未來也將邁向生命的終點。屆時她們會如何判斷？她們會想：「丈夫能在家臨終，是因為我在啊。若輪到我，就沒有人能為我送終了。我不能讓孩子和我經歷一樣的事。既然如此，我只能在醫院或在安養院臨終了……」還是會想：「既然丈夫在家臨終，我也想在家臨終。幸好這個地區有值得信賴的醫療資源，我就在家一個人臨終吧……」當我將這些疑問告訴山崎醫師。

他的回應是：「是啊，這將是下一個課題呢。」

以往患者之所以能在家臨終，是因有家人照護。儘管近年實踐居家醫療的可靠醫師終於越來越多，但醫師無法支援照護。即使有家人，在家臨終的門檻都很高了，我們該如何做才能使獨居老人也可以在家臨終呢？

CHAPTER 6

在家臨終的條件

在家臨終得靠家人照護？

透過採訪實踐居家醫療的醫療專業人士，居家送終的條件歸納如下：

（一）當事人有強列想在家臨終的意願

（二）具備同住且有照護能力的家人

（三）居住地有可以利用的醫療、護理與照護資源

（四）一些存款

請容我依序說明。

（一）當事人有強列想在家臨終的意願

實踐居家送終者異口同聲表示「當事人的強烈意願」是首要關鍵。這樣的強烈意願經常會被視為「任性」，有可能就像到宅護理師的先鋒宮崎和加子女士所說：「想在家臨終很任性嗎？」這意謂著居家送終的家人必須包容這樣的任性。或許男性堅持「我不去醫院」、「我想要回家」，家人比較能接受；但許多女性會選擇自我壓抑，更別提任性了。能任性的女性，頂多是有媳婦侍奉的婆婆。但在現代社會的媳婦，基本上幾乎已不再侍奉婆婆了。

若當事人沒有強烈的意願，周遭的人自然會代為決定，在臨終前將當事人送至醫院。「死亡醫院化」近四十年，現在的人一旦死期將近就無法住在家裡。

不過當事人也得要清醒才會有強烈的意願。若當事人陷入昏迷在失去意識的狀態下或是罹患失智症，將由誰來判斷？儘管有人認為必須在清醒時先表達自己的意願。可是，即便留下隻字片語，家人一定會確實的執行嗎。同時又有人認為若失去意識，在家、在醫院或在任何地方又有什麼差別。

根據許多居家醫師的說法，在醫院臨終無法比擬在家臨終那種安詳的感覺。難得當事人有想在家臨終的強烈意願，若能堅持到最後是最好，但還是得取決於家人的決定。在這個時代，若沒有強烈意願是無法在家臨終……

（二）具備同住且有照護能力的家人

實踐居家送終者認為第二項條件是與家人同住。與家人同住，不包括老老照護（高齡者照護高齡者）、失失照護（失智症患者照護失智症患者）等狀態。也就是說，身邊必須要有健康且具備照護能力的妻子，或女兒、媳婦、兒子等年輕家人。只具備照護能力仍不夠，家人必須同意當事人在家臨終才行。居家送終的條件是與有愛且具備照護能力的家人同住……居家送終的主詞是送終的家人，家人掌握著決定權。這也是為何許多在家臨終的書籍都是為家人而寫。

（三）居住地有可以利用的醫療、護理與照護資源

即使有想在家臨終的強烈意願，若居住地缺乏可以利用的醫療、護理與照護資源，也無法如願。為此，必須有二十四小時待命的到宅照護、到宅護理與到宅醫療系統。若能再加上到宅復健、到宅藥劑管理、到宅牙齒診療、到宅口腔照護等其他醫療服務更好。其中，以扶持當事人生活的到宅照護最為重要。醫療的部份，到宅護理師是主角，到宅醫師則是配角。許多實踐到宅送終的醫師表示：「臨終不需要醫師，醫師只有在開立死亡證明時才會派上用場。」若居住地有前來看診的醫師、二十四小時待命的到宅護理站，當事人該有多安心啊。問題是有些地區有醫療、護理與照護資源，有些地區則沒有。居住地決定是否能選擇在家臨終。我沒有家累，能隨時搬去小笠原醫師、山崎醫師的所在地；但有家人的人無法這麼做。如此一來，就只能在自己居住的地區建立醫療、護理與照護資源了。

（四）一些存款

想必大家一定知道，日本的照護保險為不同的受照護程度設定不同的補助上限，用以控管使用量。受照護程度最高的五補助上限為三十六萬日圓，第一線的專業人士都認為此數字無法支付臨終前的照護。畢竟照護保險是以「不夠」而必須倚靠家人的照護能力為前提所設定的補助上限。許多參與其中的人很不甘心，明明支援高齡者生活的照護資源再

多一些，臨終前就不需要再將高齡者送至醫院了……既然如此，若自費負擔超過補助上限的金額呢？照護保險與不給付混合診療的健康保險不同，如果一開始就同意混合利用呢？（保險給付與自費負擔）。至於「一些存款」是多少，請容我之後再詳細說明。可以先告訴大家的是，那金額不算多也不算少。畢竟再怎麼需要密集的醫療、護理與照護，死前就這麼一段時間，不可能持續到永遠。與入住安養院或高住的費用相比，這個選項還比較實際，負擔要少一些。

居家照護可排除家人嗎？

上述「在家臨終」的四項條件是採訪專業人士後得到的最大公約數。

但是這樣的結果卻使我沮喪，看來獨居老人要在家臨終的門檻還是很高啊。即使當事人有強烈的意願，卻沒有最大的資源——具備同住且有照護能力的家人。我不禁心想，原來在家臨終是有家人的人才有的特權啊。

至今的居家照護，彷彿與家人照護畫上等號。隨著單身高齡者增加，高齡者想要住在家裡，再也不一定是想要與家人同住。此外，照護者除了媳婦，是女兒、兒子的情況越來越多。即使由家人照護，雙方也很可能不是同住在一個屋簷下。換句話說，居家照護＝家人照護＝同居照護這樣的公式已不再成立。照護者不一定是同住的家人。若單身高齡者能由不是同住的家人照護……那麼由其他人照護不也相同。在這種情況下，若家人無法及時協助也是可以由到宅照護系統支援。

既然如此，居家照護可以排除家人嗎？只要獨居老人在住所接受照護，並在住所臨終——克服這一點，就能在家一個人臨終。只要有支援醫療、護理與照護的專業團隊，在家一個人臨終就不會是「孤獨死」。

從結論來說，在家一個人臨終的條件是（一）二十四小時待命的到宅照護、（二）二十四小時待命的到宅護理、（三）二十四小時待命的到宅醫療團隊，只要有這樣的組合，就能真正落實在家一個人臨終。

此組合的重要性依序為（一）照護、（二）護理、（三）醫療。實踐居家醫療的醫師往往對到宅護理的評價很高，對到宅照護的評價更高；相反的也可以說，高度肯定護理與照護的醫師值得信賴吧。

事實上，家人原本就無法取代醫療，無論高齡者是否有家人，照護、護理與醫療資源都是支援高齡者居家生活十分重要的力量。居家生活是指每天的進食、排泄與清潔；生活所需的「三大照護」，包括飲食照護、排泄照護與清潔照護。若家人支援的是三大照護，那麼只要有專業人士提供協助，獨居老人也可以住在家裡。換句話說，若缺乏上述力量，獨居老人也只能含淚入住安養院或醫院；只要擁有上述力量，就能實現居家送終，獨居老人到了臨終前一天，還是能在家裡沐浴。

末期若臥病在床，會需要密集的照護。話雖如此，也不需要有人一天二十四小時都隨侍在當事人身邊。即使是入住醫院或安養院，護理師、工作人員也只能數小時巡視一次，而且每次頂多共處五分鐘。在醫院只要按下呼叫鈴，護理師會在五分鐘內趕來。其實到宅護理的道理相同，只是等待時間增加至十五分鐘。

現在甚至有隨時待命並定時巡視型的短時間到宅照護，每天巡視四至六次、每次停留十五至二十分鐘，並二十四小時待命因應緊急情況發生。或許有人覺得十五至二十分鐘太短，但只要熟練，就可以幫被照護者更換尿片、姿勢與清潔。夜間到宅照護的團隊裡都有專業的照護員，他們的動作十分迅速——這就像是將安養院的照護服務外送至家中。或許按下緊急求救按鈕後，等待的時間會比在安養院長，但你只需要忍耐一下子就好。假若，到宅照護的空檔能搭配到宅護理，就更令人安心了。

到了末期，即使高齡者在四或六小時一次的定期巡視空檔中斷氣，也不足為奇吧。平時就是一個人生活了，一個人離世也沒什麼大不了的……這樣一想，在家一個人臨終的確是有實現的可能。

實踐居家送終的小笠原醫師曾說過一件有趣的事：

「上野女士，我跟你說，神奇的是獨居的人很少在獨處時離世呢。」

據說，他們幾乎都像是一直在等，等親朋好友或熟悉的照護員抵達，才會在對方的眼前斷氣……將死之人彷彿知道自己何時會離世。

事實上，有時候當事人還是會接受以維生醫療來控制死期，比如說孫子再過數小時就會抵達、或是家人為財產爭辯不休等因素。

夜間到宅照護無法增加的原因

即使資金再充裕，一旦居住的地區缺乏醫療、護理與照護資源，還是無法接受服務。因為各地區的醫療、護理與照護資源相差甚遠，有些地區有、有些地區沒有。儘管目前在家臨終的觀念逐漸普及，終於有了居家送終的專業人士，可是提供服務的情況仍有很大的成長空間。明明有需求，為何不增加呢？

在家一個人臨終的條件有三，其中最重要的是到宅照護。到了末期，可能夜間也得提供服務。只是有人願意這樣做嗎？

隨時待命並定時巡視型的短時間到宅照護很棒，但願意提供服務的業者太少。因此能否在家一個人臨終也有地區之分，有些地方做得到、有些地方卻不行。主要原因是：第一，提供夜間到宅照護的業者沒有增加。第二，可以進行夜間執勤的照護員沒有增加。第三，在鄉下移動的成本太高，入不敷出。第四，照護員的酬勞太低，沒有人願意成為照護員。

有些地方甚至只有當地的社會福祉協議會提供到宅照護的服務。社會福祉協議有一些小型的非營利組織加入，而在非營利組織工作的幾乎都是有孩子的已婚女性。她們背負家事、育兒等重擔，無法於夜間執勤。加上女性若沒有開車，獨自於深夜移動是很危險的。照護保險不給付交通費用也是問題之一，直接往返受照護者家中也必須自費負擔移動成本。

到宅照護是照護保險七項事業中利潤最低且吃力不討好的工作，背負家事、育兒重擔的女性之所以願意從事這份工作，是因她們在就業市場中原本就屬弱勢族群。因此照護員多半為女性。

到宅照護中以身體照護的配分最高，而夜間到宅照護又會另外加計配分。據說夜間執勤一般是由男性照護員代替女性照護員負責身體照護。儘管都是照護員，女性只能負責時薪較低的日間生活支援，男性卻可以集中於時薪較高的夜間身體照護。如此導致男性與女性的酬勞相差甚遠。雖然到宅照護的報酬原本就不高——我認為報酬之所以不高，是因為大家看輕照護這份工作，認為所有女性都能勝任——長此以往，提供到宅照護的業者唉聲嘆氣，這樣又如何能因應社會更多的需求？

我在鄉下曾聽說這種情況——曾有立志實踐居家醫療的醫師拜託當地提供到宅照護服務的業者，能否增加夜間到宅照護以支援獨居者的生活。當時對方的回應是：「醫師，你能湊齊五個人嗎？」這說明業者判斷必須有五個人，才不會入不敷出；若沒有五個人需要這項服務，則會導致虧損。鄉下的獨居老人就像是一根根斷掉而變成越來越少齒的梳子般，往往只有一兩個人，無法確保有五個人同時需要這項服務。由於缺乏支援高齡者居家生活的照護服務，家人往往會選擇將高齡者送至安養院，能堅持獨居的高齡者少之又少。這是惡性循環，導致難得有醫師立志實踐居家醫療，卻只得放棄。

其實只要為不畏風雨與霜雪的到宅照護員提供較高的報酬，即可解決這個問題。事實上再怎麼辛苦的工作，只要有合理的報酬，就會有人願意投入。評估現在日本政府規定的照護報酬，實在難以達成這個期望。

之後我又在其他地方聽說了一件有趣的事——近年照護用品的品質已大幅提升，高齡者使用的尿片吸水性已十分卓越，可以減少更換尿片的次數。三次的排尿量或許有些勉強，但每次更換尿片可以承受兩次的排尿量。相信有不少高齡者希望可以不用換尿片，一覺到天亮，而不是半夜還得被吵醒。

為此，小笠原醫師推薦安裝氣球保持型導尿管。如此一來，就不需要更換尿片，還可以帶著導尿管與尿袋以輪椅移動、外出。

看來「半夜無法一個人如廁」再也無法成為入住安養院的理由了。

居家醫療無法增加的原因

一如前文所述，日本政府在通過共同推動醫療照護之相關法案所設想的是「幾乎都在家裡，偶爾前往醫院」。

日本厚生勞動省於二〇〇六年指定了居家療養支援診所，並加重加計到宅醫療的配分予以推廣。居家療養支援診所的條件是「配置二十四小時待命的醫師或照護員，並以書面提供聯絡方式」。對醫師來說，居家醫療若是「有利可圖」的工作，參與計畫的診所也會增加吧。日本全國參與計畫的診所，二〇〇六年時是九四三四間、二〇一二年時是一〇三七五八間，儘管增加了，但數量還是不夠。其中「實踐居家送終的診所」更是急劇減少，日本全國只有三三八〇間（二〇一一年，厚生勞動省）。所謂「實踐居家送終」，即使一年只有一次也算。

住在鹿兒島的五反田滿幸醫師曾評論為何居家醫師無法增加。五反田醫師於二〇一四年九月針對鹿兒島市醫師協會的會員進行調查，並在最近的報告中指出，鹿兒市四三二間診所裡只有八十一間為居家醫療支援診所，占比不到兩成。即使「居家醫療是利潤很高的領域」，許多診所仍不願意投入的原因有八點：

（一）不願意二十四小時待命
（二）缺乏需要此服務的患者
（三）缺乏相關知識
（四）付出與酬勞不成正比
（五）光是應付門診就已經很忙碌了
（六）目前的收入已足夠
（七）條件嚴格
（八）手續麻煩

醫師必須二十四小時待命，是十分殘酷的條件。

當我聽說成立「照護城小平」的山崎醫師會對接受服務的家庭提供自己的手機號碼，

我非常驚訝。如此一來，豈不是二十四小時都無法放鬆身心了？簡直是在破壞自己的私生活啊。可是，當山崎醫師告訴我：「若患者知道能隨時聯絡上醫師，反而很少打來。」據說一個月大概只會有兩個晚上接到電話。原來如此，但我想待命時還是不能喝酒吧。

為舒解醫師的負擔，有些地區採取聯合數個地區與數名醫師的合作機制，有些地區則是採取由醫師協會主導共享患者病歷的合作機制。雖然有些地方的醫師協會反對居家醫師，加上獨立開業的醫師已出現高齡化、後繼無人的問題。我曾有一天從上午九點至下午一點不吃不喝，陪同醫師前往診療七名患者。當時我差點發出哀鳴：「這種生活只能過到五十多歲吧！」

居家醫師這份工作十分艱辛，若缺乏使命感是無法勝任的。過往獨立開業的醫師，沒有積極改變業界現況的心態，因此比起獨立開業醫師的第二、第三代，居家醫師更多是對居家醫療懷抱使命感而投入的創業者。

居家醫療的需求若不增加，供給就無法增加；供給若不增加，選項就無法增加；選項若不增加，需求就無法增加——我認為目前陷入了如此之惡性循環。

到宅護理站無法增加的原因

到宅護理站也是居家醫療不可或缺的一環。許多人指出，送終時的照護比醫療更為重要。高齡社會的死亡是「緩慢死」，高齡者大多罹患慢性疾病，不太會突然發生狀況而死亡。我曾提及中野一司醫師稱此為「從cure到care的典範轉移」。

若cure是醫師的職責，care則是護理師的工作。若能放寬需「依照醫師指示」的醫師法規定，相對來說，到宅照護的護理師就有能自主作業的機會。長期以來，護理師都希望能與醫師平起平坐，到宅護理正是護理師發揮其專業的絕佳舞台。最後甚至可能因護理師持續定期巡視，最了解高齡者的身體情況，而改由護理師指示醫師如何處置……相信許多護理師希望自己可以扮演司令台的角色。

遲至今日，到宅護理站的數量遲遲不見成長。根據日本厚生勞動省的報告「居家醫療的現況」——提供到宅護理的業者、到宅護理服務的使用者近年出現小幅成長。其中到宅護理站二〇〇三年時有五一一五處、二〇一一年時有五八一五處，也是小幅成長。其中，三分之一的到宅護理站出現虧損。若到宅護理站無法營利，又怎麼會增加數量呢？

五反田醫師分析後，整理出下列原因：

（一）使用者不清楚到宅照護可以提供的服務。
（二）費用高昂，導致使用者敬而遠之。
（三）護理師未接受到宅護理的訓練與研習，無法掌握相關知識。
（四）難以二十四小時待命。
（五）無法維持「（專職護理師）二．五名」的開設條件。
（六）小型到宅護理站管理成本太高，入不敷出。
（七）與醫院護理師相比，待遇較差。
（八）醫院護理師人手不足，隨時都有很多職缺，因此缺乏從事到宅護理的動機。

開設到宅護理站的門檻比開設居家醫療支援診所還要高。為何只有一名醫師就能申請開設居家醫療支援診所，申請開設到宅護理站卻要二．五名專職護理師？難道是兩者價值相差甚遠，一名醫師等於二．五名專職護理師嗎？

明明一名醫師能獨立開業，為何一名護理師不行？這也太不合理了，為何護理師不對此表達抗議？當我提出這些疑問時，一名護理師這樣告訴我：「護理師沒有這麼大的力量。」

我說不出話來。想必獨立一個人開業的醫師也是如此吧，但醫師再怎麼樣都不會說出自己「沒有這麼大力量」的話。謙虛也要有限度，竟然說出這種話，真是太小家子氣了……我非常傻眼。

方才提及為舒解二十四小時待命的負擔，有些地區採取聯合複數地區與人員的合作機制。到宅護理站有二．五人，想必能減輕夜間待命的負擔。然而為了減輕一個人獨立開業的負擔，醫師會與當地共享值班醫師或患者病歷；護理師不妨也如此合作。醫師可以，護理師一定也可以。

若只計算護理師，到宅護理站平均有四．六名護理師（二〇一三年）。越是小型的到宅護理站，越有「使用者少」、「輕度使用者多」與「營運不穩定」的困境。儘管我想闡述大型到宅護理站的優點，但在鄉下要想聘任五名護理師是非常困難的。若能一個人獨立開業，只要在家裡申請一個電話號碼即可，完全不需要管理成本。想必鄉下應該有退休的公衛護理師、有執照但未就職的護理師吧。我們應該可以妥善運用這些人力，想必會是當地的一大福音。一如醫師協會，一個人獨立開業的護理師也可以組織地區到宅護理師協會。為何日本規模最大且歷史最久的女性職業協會——日本護理協會不挺身而出呢？這明明是與醫師平起平坐的絕佳機會啊……難道只有我這個旁觀者一頭熱嗎？

現在的到宅護理站也與以往不同了。由於到宅護理的觀念已漸漸普及，同時需求日漸增加，許多業者開始發展到宅護理事業。大型到宅護理站的營運較為穩定。最近護理師培育訓練也會開設到宅護理的課程，已有越來越多人一開始就立志成為到宅護理師。

若護理師無法勝任醫院的工作，就一定無法勝任居家護理的工作；反過來說也是如此。希望醫療現場有更多醫師、護理師可以想像患者的居家生活。

CHAPTER 7

在家一個人臨終的反對勢力

反對勢力以家人為主

前一章闡述了在家一個人臨終的條件。

若可以滿足（一）當事人想在家臨終的強烈意願、（二）當地有可以利用的醫療、護理與照護資源、（三）當事人有足夠的經濟能力等三項條件，即使沒有具備照護能力的家人也可以在家一個人臨終。

其實，一直有高齡者明明再撐一下子就可以在家臨終，到了最後關頭卻還是被送至醫院。想必持續定期巡視並目睹高齡者日漸衰老的照護員與護理師一定十分不甘心，若平時就知道高齡者想在家臨終更是如此。

為何想在家臨終卻事與願違呢？因為有下列三股反對勢力：（一）家人、（二）醫療者、（三）照護經理人。

第一股反對勢力是家人——許多人表示比起一直都在身邊的家人，此處的「家人」通常是指住在遠方且不常見面的家人。他們在高齡者臨終前遠道而來，因目睹高齡者瀕臨死亡的模樣而陷入恐慌：「都到了這般田地，怎麼還待在家裡呢？」想也沒想就直接撥打一一九請救護車將其送至醫院……

住在遠方的兄弟姊妹與其配偶，經常會出現這種大聲嚷嚷的舉動。他們是藉由怪罪一路照護高齡者的其他家人，掩蓋自己因佯裝若無其事至今而自責。他們認為只要送至醫院，高齡者就能獲得相當的照護——將高齡者送至醫院，彷彿可以是他們的「不在場證明」。反觀一直都在身邊的家人，他們總是會認為自己的照護不夠周到，因此會被大聲嚷嚷的人牽著鼻子走。他們之所以屈服，不僅是因為不安，也是為了避免發生自己無法因應的情況、為了避免事後出現紛爭。即使他們知道「爺爺想在家臨終……」，但比起為當事人代言，他們傾向選擇自保。看來可以說，這樣的作為已不是為了高齡者著想而將其送至醫院，而是為了使家人安心、給家人藉口。

過去醫療是難以取得的貴重資源，甚至有孝子會感嘆：「真希望在父母死前能讓他們去醫院就診。」發展到現在，將高齡者送至醫院，反而非高齡者之福——離開熟悉的環境與家人，躺在猶如戰場的加護病房裡，被醫療機器、大批醫師與護理師包圍，是無法安詳離世的。

每個人都是送終的初學者。沒有人在死亡面前不會不感到不安，而實踐居家送終的醫師會盡一切努力去消除這些不安。

高齡者緩慢死的過程

所以，應該先與家人一同了解死亡的過程。

我在第二章曾提及，**高齡者的緩慢死與猝死不同，是有過程的。先是漸漸變得衰弱而無法站立，就此臥床。之後食量越來越小，因無法進食而陷入飢餓狀態、因無法飲水而陷入脫水狀態，接著因呼吸困難而以費力張口的動作呼吸。**儘管旁人看了會覺得很辛苦，但當事人早已陷入昏睡，而大腦內的麻醉物質——腦內啡會使當事人感覺不到痛苦。據說五感中最後只剩下聽覺，建議家人不斷地對當事者說話。有些高齡者甚至不會以費力張口的動作呼吸，以致身邊的人無法察覺其是否已斷氣，離世時就像熟睡般安詳。

高齡者無法進食、飲水時，許多家人會被迫決定是否要以人工的方式補給營養與水分——也就是使用鼻胃管與點滴。這麼做的確能避免高齡者嗆到，但攝取過多營養與水分會使其身體膨脹、痰量增加，必須頻繁地抽痰。無法進食很自然。人們本來就是在飢餓狀態下死去的。

家人選擇「可以做些什麼卻不做」時會非常痛苦，因此事前必須與當事人還有家人妥善溝通。

小笠原醫師會花相當多的時間進行雙方溝通，甚至不惜召集平時沒有往來的親戚，用一、兩小時的時間仔細說明、取得諒解。「溝通」無法申請酬勞，但少了這樣的過程，很有可能會留下悔恨。

想達成在家臨終的關鍵是，惡化時千萬不要因恐慌而撥打一一九請救護車將其送至醫院，否則就得接受維生醫療。因為醫院是救治生命的地方。惡化時醫師或護理師會指示——

先撥打電話至到宅護理站，請護理師指示該怎麼做。護理師會視情況聯絡主治醫師。醫師、護理師正是為此而二十四小時待命。接著再聯絡照護經理人。撥打電話的順序為護理師、主治醫師與照護經理人，一一九是最後的選擇。

只要將電話號碼依序寫在紙條上並放在枕頭邊，病情惡化時才不會手忙腳亂。

其實高齡者的緩慢死大多不需要醫療介入，家人也只要守護在身邊就好。甚至有可能因為過於安詳，送終時只有家人，而沒有聯絡醫師、護理師。只需在最後時，請醫師前來予以確認並開立死亡證明。

或許有人擔心離世時沒有任何人在身邊，會被視為「非自然死亡」而必須接受司法解剖。事實上只要之前與醫師保持聯絡而不是猝死，即使離世時沒有任何人在身邊，醫師也會協助開立死亡證明。儘管目前規定是離世後二十四小時內要請醫師前來予以確認並開立死亡證明，但相信日後法規應該會放寬。

在日本，家人的意願大於一切。比起當事人的意願，醫療機構因擔心引發醫療糾紛，往往更重視家人的意願。若當事人與家人同住，就請同住的家人做決定；即使當事人未與家人同住，仍會協請家人決定。在家一個人臨終的最大反對勢力是家人——獨居老人如我，聽聞此事不禁拍胸口感嘆：「還好我沒有家人。」

只了解醫院的醫療者

第二股反對勢力是只了解醫院的醫療者。

我曾提及醫療者在醫院就像在主場、在住所就像在客場。醫院設計時考慮的是醫療者作業是否方便，或許醫院是最好的治療環境，但高齡者在醫院無法過著一般的正常生活。

許多在醫院服務的醫療者只了解醫院，不了解居家醫療的現場。因此他們會想——怎麼可以讓高度依賴醫療的患者在這種狀態下回家、怎麼可以讓患者回到沒有其他人的住所……

據說使命感越強的醫師越會這麼想。因為他們一直以來都堅持醫師的責任是與死亡搏鬥，而死亡象徵著醫療的失敗。不過一如第二章所述，超高齡社會的死亡急劇改變死亡的臨床常識。

現在即使是高度依賴醫療的患者也可以住在家裡，除了抽痰，裝呼吸器、供氧、點滴、胃造口等，幾乎都可以在住所使用。有些醫療者或家人認為：「若在住所也可以維持與在醫院相同的醫療水準，那麼讓患者回家也無妨」這等於是「居家醫院化」。但，若是住在家裡，應該要減少醫療的介入才是啊。

照護經理人也是反對勢力

第三股反對勢力——照護經理人。照護經理人若根深蒂固地認為「送終要在醫院」，當住在家裡的高齡者「差不多」時，就會傾向將高齡者送至醫院。因為他們至今接收到的資訊都告訴著他們——送終不是照護員的責任，是醫院應該要處理的事情。甚至有些照護經理人建議家人到了末期就將高齡者移送至醫院。

照護經理人是想減輕照護員的負擔。沒有送終經驗的照護員，一定和家人一樣不安。想必也有照護員會為「自己一路照護的高齡者，最後還是被送至醫院，而無法親自為其送終甚至上香」一事感到哀傷。既然一路照護至今，許多照護員會想陪伴高齡者走完最後一哩路，並為其送終。對居家送終來說，死亡不是失敗而是完成任務。送終的現場十分感人，無論是家人、照護經理人或照護員，大家都會充滿成就感。小笠原醫師甚至表示居家送終「沒有淚水，只有歡笑」。

建立體制

只是一再出入醫院的高齡者不少。許多醫院為促使患者出院，設置了區域醫療合作室。區域醫療合作室的醫療社工必須運用所有資源，促使患者返回家中。這樣的機制等於是醫院醫療與居家醫療的橋梁，而有「醫診合作」（醫院與診所之合作）之稱。

長年實踐區域醫療的日本長野縣佐久綜合醫院有設立地區照護科，醫院的醫師平時就會前往患者家中看診。透過醫師異動等人事交流，培育能同時了解主場與客場的醫師。護理師亦然。過去在病房服務的護理師可能會轉為到宅護理師，而過去是到宅護理師的護理師也可能轉至病房服務。因孩子出生而無法於病房值夜班的護理師，可以轉為固定於日間執勤的到宅護理師。醫院培育出熟悉醫院運作的醫師相繼獨立開業，於地方上開設診所。如此一來更有助於醫診合作的發展。

佐久綜合醫院從戰後沒多久的若月俊一醫師時代開始，就是擁有區域醫療悠久傳統歷史的區域醫療典範。觀察其花費半世紀之久建立起來的機制，會不禁令人驚呼：「這才是『建立系統』啊！」醫院與居家醫療的齒輪確實緊密接合，即使沒有明星的光環、非凡的努力，單只是具備一般能力、背負一般責任的醫師或護理師，也可以使系統順利運作。我曾聽說建立居家醫療先進模型的醫療機構，經歷過草創時期具有熱誠的人才世代交替後，醫師開始「上班族化」。意思就是，醫師只要自覺是上班族就可以順利運作，不需要跨越多高的門檻。之所以能如此，是因「完善的系統」發揮了作用吧。這樣的系統可非一蹴而成。

現在的醫院不能封閉在病房裡，必須外送醫療服務。試想，若醫院的主治醫師能前來住所看診，或診所的主治醫師能在自己住院時前來看診……這樣的機制將令人多安心啊。

過多的安養院

除了上述三大反對勢力外，在家一個人臨終還有兩個障礙——（一）安養院太多了、（二）無法自由運用「一些存款」。

首先，安養院太多了會發生什麼情況呢？

根據日本厚生勞動省的報告，二〇一三年申請特養卻未能入住的候補者有五十二萬人，比起二〇〇九年的四十二萬人，又增加了十萬人。考慮到許多人會同時向複數安養院提出申請，因此實際上應該約有二十萬人。儘管如此，安養院的數量絕對還是不夠。無論特養或老健都漸漸成為「送終處」，原本應該是短期入住卻變成長期入住。因此沒有入住者離世，就不會有空房。

其實候補者也有城鄉差距。我曾提及有些地方的高齡化曲線開始下滑。儘管高齡者比例持續提升，高齡者數量也不會再增加。因此有些地方的安養院比較容易申請。鄉下的獨居老人之所以不會增加，是因為一旦獨居，家人就會將高齡者送至安養院。

鄉下與都市建設安養院的成本不同。在地價高昂的都市，安養院不太可能新增。設立安養院或許能減輕家人的負擔，卻會加重地方政府照護保險的財政負擔。那麼地方政府的照護保險費用就得調漲。目前日本全國的照護保險費用平均為五五一四日圓（二〇一五年四月），高一點的地方甚至會超過六千日圓。計算起來，一年的照護保險費用平均為六萬日圓，要調漲十分困難。因此各地方政府皆傾向不設立新的安養院。

現在鄉下已有安養院出現空房，而我曾提及有鄉下經營安養院的業者——像是曾擔任新潟縣長岡市「辛夷園」的代表小山剛先生——預言：「未來地方政府必須思考如何縮小安養院的規模。」洞燭先機的業者已有人企圖發揮在鄉下所累積的經驗至都市發展。

因各地方政府傾向不設立新的安養院，高住趁機如雨後春筍般出現，還有針對富裕階層設計的自費安養院。選項眾多，價格也五花八門。每個月的費用從二十至四十萬日圓不等，若經濟能力允許，選項更豐富。

儘管如此，候補者卻未見減少，原因就是——由政府補貼的安養院最便宜。儘管費用依受照護程度分級，若住四人房、六人房等多人房，每個月的費用約五至七萬日圓。若是新型特養還如入住飯店般，只需自行負擔約七萬日圓的居住費。也就是說，合計約十二至十四萬日圓。政府於二〇〇五年取消新型特養的居住費後，甚至有原本入住單人房的高齡者被移動至多人房的情形發生。自從同時經營特養與自費安養院（入住單人房，每個月的費用約三十萬日圓）的社會福利法人增加新型特養後，開始有原本入住自費安養院的高齡者被移動至新型特養。畢竟都是單人房，費用卻只需要一半左右。這麼做比較符合經濟效益。厚生勞動省最近甚至提出「入住者的所得若達到一定標準，即使入住多人房，也必須自行負擔居住費」的想法。據說這麼做是為了不使入住安養院的成本與住在家裡的成本相差太多。既然入住安養院也得負擔居住費，倒不如請安養院將服務外送至家中——小山先生就是這麼做的。

安養院的品質不重要？

我之所以為此事長篇大論，是因為高齡者入住安養院，大多由家人決定，而家人決定的標準，往往都是價格。

有一件事一直令我耿耿於懷，覺得十分不可思議。現在人們大聲疾呼日本有多少「待機兒童」，必須設法解決，卻對「由企業出資，增加托兒所的數量」一事抱持謹慎的態度。企業是營利法人，也就是以賺錢為目標的組織。許多人不認為可以藉由支援育兒營利。其實感嘆托兒所不夠的父母，也不是只要有托兒所就好。即使有離家很近、交通方便的托兒所，父母也會先參觀數間托兒所，再選擇符合自己理想的地方。托兒所除了重量，更要重質。

可是大家在面對安養院的態度卻並非如此。同時申請數間安養院的家人，無論收到哪一間安養院的入住通知，都會毫不猶豫的讓高齡者入住，不會特意去參觀、比較。我彷彿可以窺見家人渴望擺脫照護負擔，將高齡者交給安養院就此安心的企圖。我不禁產生深切的疑問：「安養院究竟是為了使誰安心而存在？」

我可以一再重複。現在的高齡者大多有不動產，而且到處都是空房。我們還需要設立更多的安養院嗎？高齡者只要不與家人同住，就不會被要求離開家裡，只要能這樣在住所臨終，根本不需要再增加新的安養院。設立太多安養院，反而還得花費大筆資金去維護、管理。

沒有「一點存款」能讓自己在家臨終嗎？

障礙之二就是錢。我曾提及「一些存款」為在家臨終的條件，且照護保險不是為在家一個人臨終而設計。受照護程度最高為五的補助上限是三十六萬日圓，那是指自費負擔一成的補助上限，而不是說整體照護費用不得超過三十六萬日圓。只要願意自費負擔，就能使用更多照護服務。有些業者可能會接受自費負擔到十成與保險給付相同的金額，或可能避免自費負擔以方便高齡者申請。有些非營利組織與市民團體提供照護保險外的互助服務，每小時的費用為八百至一千五百日圓不等。照護保險修訂後，高收入者（年金收入超過二百八十萬日圓）自付額自二〇一五年八月起調整為兩成，也就更接近非營利組織提供服務的價格了。

那麼要準備多少錢才夠？整理專家的意見後發現，每個月五十萬日圓×半年＝三百萬日圓——這是「死亡的費用」。現在大家應該可以理解，為何我會說「自費負擔的金額不算少，但若能在家臨終也不算多」了吧。

如果沒有一點存款，還可以選擇自己在家臨終嗎？

高齡者的問題正是貧困。單身高齡者的貧困率很高，尤其是很早就喪偶的女性單身高齡者的貧困率更是超過五成。在僅夫妻同住而未來將成為獨居老人的人當中，能為丈夫送終的妻子，其經濟能力絕對不壞。結婚率高、穩定性高的嬰兒潮世代更是如此。為自正職工作退休的丈夫送終，妻子就能擁有年金、動產與不動產。

日本高齡者的儲蓄率很高，平均儲蓄額也不低。若兩人以上同住且戶長為六十歲以上的無職高齡者，每戶平均儲蓄額為二仟三百七十二萬日圓（二〇一四年）。若丈夫自正職工作退休，則每戶的平均年金額為二十一萬八千日圓（二〇一四年）。由此可知，年金收入、動產絕對不少，還有再加上房子等不動產。若年金收入不夠就以儲蓄補足。何時要用呢？「現在啊！」[10]這可是「死亡的費用」啊——這樣一想，就會覺得價格十分低廉。長年累積的儲蓄，當然要在自己還活著時運用才有意義啊。

家人習慣不運用或不讓高齡者運用年金

日本的高齡者不是沒有錢。那麼為何不運用？事實上這也是因有人反對。因為高齡者的年金、資產往往都是由家人（主要是孩子）管理，而家人習慣「不運用／不讓高齡者運用」。

10 補習班講師林修先生經常以「何時要〇〇呢？」「現在啊！」勉勵學生，爾後大受好評，甚至獲得二〇一三年日本流行語大賞。

即使與家人同住，高齡者的生活費通常是以年金支出，而不會與家人一同計算。即使需要照護，也會控制在年金可以支出的範圍內。上述情況已然成了理所當然。現在給孝親費的孩子很少。有些人已經離家了，卻還是靠父母資助。甚至有人成了啃老族，寄生在父母身上。有人稱之為對高齡者的「經濟虐待」。或許是因父母認為自己有義務照顧孩子，而沒有被虐待的自覺。在這種情況下，若父母陷入需要受照護的狀態，有些寄生在父母身上的孩子就會開始擔心自己的生活費受到影響，而不提供父母照護與醫療資源——簡單說就是虐待。我曾聽第一線的照護經理人說過，每次遇到這種棘手的情況，就會忍不住感嘆：「這樣倒不如與孩子分家，過獨居老人的生活還比較自由。」

若動產不足，最後的方法就是變賣房子。即使不變賣房子，目前也有所謂「反向抵押貸款」（reverse mortgage）以房養老的制度。將住所抵押，待死後再結算貸款。一九八一年，東京都武藏野市的福利公社，率先於日本採取此制度——因此此制度有「武藏野方式」之稱。儘管我覺得這是一個好主意，沒想到又是因孩子反對，導致其他地區遲遲沒有跟進、使用人數也遲遲未見成長。

反向抵押貸款的條件很嚴苛——地上建築沒有資產價值，列入評估的只有土地的資產價值，而貸款金額最多只有評估價值的七成。首都圈的房子大多是只會分到一小塊土地的集合住宅，又加上使用年限短、劣化速度快，資產價值近乎於零。如此一來，只有資產價值較高的土地能抵押。既然資產價值較高，孩子自然會想要繼承，不希望父母離世後就得與房子、土地告別。此外，父母似乎也希望能多留一些錢給孩子。

對日本人來說，背負一輩子貸款購買的住所與其說是資產，更像是自己的身分。基於日本人這種難以割捨的心情，出現了協助屋主移居的機構。他們的做法是以終身契約的形式，將高齡者的獨棟住宅出租給孩子還小的育兒世代。如此一來，高齡者可以搬出需要花心思維護的獨棟住宅，在交通便利的地方租一間麻雀雖小五臟俱全的房子。若有盈餘，就能補貼生活費。由於屋主仍持有產權，因此屋主離世後，屋主的孩子還是可以繼承。

嬰兒潮世代大多是第一代的都市移民。既然是自己背負一輩子貸款購買的資產，自己需要時似乎沒有理由不加以運用，將不動產轉為動產。孩子也只要像父母一樣，自己累積自己的資產即可。話雖如此，觀察嬰兒潮世代就會發現，他們似乎沒有給孩子這樣的觀念。由於他們的父母無法留給他們什麼資產，當他們身為父母，就希望能將資產留給孩子。選擇這麼做就可能會導致孩子往後無法自立自強，同時增加他們老後的風險。

若能在自己還活著時，為了自己的幸福運用自己的資產，在家一個人臨終就不再是不可能的事。

CHAPTER 8

在家一個人臨終的第一線

家是奇蹟發生的地方

在此為大家介紹在家一個人臨終的情況。

最早我請小笠原文雄醫師帶我了解獨居老人如何接受居家醫療。

我們在早春的三月造訪住在日本岐阜縣岐阜市的山田滋女士（九十多歲，假名）。她住在自己的房子裡，而那間房子十分破舊，陣陣冷風會自門窗的縫隙灌入。她很年輕時就因戰爭而喪偶，一路守護丈夫的牌位至今。無子無孫、行動不便又患有失智症的她堅持：「我絕對不會離開家裡。若一定要我去住安養院或醫院，我就去木曾川跳河自盡。」當時小笠原醫師熟稔地打開沒上鎖的大門，接著像是回到自己家般走進室內說：「山田女士，你好不好哇？」

可能是岐阜市的治安很好，我們造訪其他人家時也經常遇到大門沒有上鎖的情況。此外，當我們造訪領取生活津貼的人家，進門後前往患者的房間時會經過廚房，我曾因醫師突然打開冰箱而嚇一跳。原來這麼做是為了觀察患者的飲食生活。比如說剛領到生活津貼時，冰箱裡會有豐富的食材；到了月底，冰箱就變得空空如也。小笠原醫師與患者之間，有著毋需隱藏日常生活的信賴關係。山田女士因為持有不動產且領取年金，所以無法再申請生活津貼。

當我們走進山田女士的房間，裡頭有一位笑容可掬的照護員。與醫師同行的護理師暨照護規劃師（參考第十三章）木村久美子女士則隸屬於小笠原內科附設的到宅護理站。小笠原醫師的眼睛不好，由家人充當司機，載其前往各地看診——這使我想起在過去的美好年代返回鄉下老家繼承家業的醫師。

醫師簡單看診後與山田女士交談了一會兒，接著向山田女士告別：「我下次再來哦。」高齡者的症狀變化幅度不大，而掌握那些變化是醫師的職責。即使罹患失智症，只要有居家照護的支援系統，高齡者就可以安穩地度過每一天。我覺得我看見了自己未來的理想生活。

爾後小笠原醫師與我聯絡：

「之前上野女士與我一同造訪的山田女士根據自己的意願，在我們的協助下在家臨終了。」

山田女士同時領取亡夫的遺眷年金與國民年金，因此有些許儲蓄。小笠原醫師十分擅長問出高齡者的儲蓄額，而山田女士的儲蓄額為三百萬日圓。

小笠原醫師經常說照護保險無法支應臨終前的照護，因此當我接到小笠原醫師的電話，我脫口而出的第一個問題是：

「您動用了山田女士的資產嗎？」

小笠原醫師答道：

「有。只是以遺眷年金支應，沒有動用到儲蓄。」

到了末期，小笠原醫師為晚上感到不安的山田女士投予鎮定劑（以藥物使患者意識模糊），並請照護員於臨終前三天一天巡視八次——山田女士必須自費負擔上述項目，而據說過去七年的自費負擔金額為一百零八萬日圓。山田女士唯一的繼承人是她的外甥。即使沒有動用到儲蓄，只是以遺眷年金支應都得經過外甥的同意。我聽聞此事時訝異不已，為何姑姑以自己的資產支應自己的需求得經過外甥的同意呢？後來我才知道，原來外甥是山田女士的「成年監護人」。若外甥不同意並要求山田女士入住安養院或醫院，情況會是如何？

事實上我還追問了一件事：

「若山田女士的儲蓄已經沒了但她尚未離世，該怎麼辦？」

「那就由我們負擔。」儘管小笠原醫師的答案令人安心，但不是每個人都願意這麼做。即使預期失準，臨終前的照護也不可能持續多久。希望地方政府等能為高齡者建立「將住所抵押，待死後再結算貸款」的反向抵押貸款系統。

小笠原醫師還曾告訴我一件趣事。我在《一個人的老後【男人版】》中也曾提及，但

山田女士與笑容滿面的照護員

左起是護理師暨照護規劃師木村久美子女士、山田滋女士、小笠原醫師、作者

實在太有趣了，請容我在此再介紹一次。

一名因罹患癌症而住院的男性與其未離婚，但形同陌路的妻子。當小笠原醫師告知患者醫院已愛莫能助，建議他返回家中療養。患者雖然也希望如此，但妻子反對。因此小笠原醫師當著她的面說：

「要是沒有你，我就能讓患者回家了。」

這是家人反對高齡者在家臨終的血淋淋事例。妻子聞言後決定將丈夫接回家中，並由結婚後住在家附近的女兒通車照護。在此期間，「奇蹟」發生了——妻子不僅協助照護，更在丈夫離世前修復了兩人的關係。若男性直到臨終都在醫院，由護理師負責照護，這樣的奇蹟不可能發生。許多實踐居家醫療、居家照護的人都深切體會到「住在家裡會有奇蹟發生」。

基礎醫療的年輕領導者

在鄉下的城鎮或郊外的住宅區，往往會有獨立開業醫師專門為當地的家庭看診。第五章介紹的松村真司醫師（四十多歲）是居住在東京都世田谷區，第二代的獨立開業醫師。與他同世代的醫師大多是專科或在醫院病房服務，他從年輕時就一直對基礎醫療懷有使命感。

專科醫師可能會看輕從事基層醫療的醫師，認為他們技不如人。事實上卻並非如此。地方上的獨立開業醫師即使掛著「內科」的招牌，還是得面對男女老少，包括外傷、心理諮商等疑難雜症的求診。他們不能推託：「我不是專科醫師。」他們甚至必須依據患者的初期症狀推測各種可能性，並予以診療。初期症狀的誤診可能會使患者錯失治療的黃金時期，責任重大。比如說持續發燒而被診斷為感冒的患者，可能是罹患肺結核甚至ＡＩＤＳ。

因此我不贊同歐洲的家庭醫師制度。在荷蘭、丹麥等國家，地方上的居民都有專屬的家庭醫師。儘管可以選擇，但才剛移居，就得立即在人生地不熟的地方決定自己的家庭醫師。這樣的制度乍看之下是為患者著想，但未經過家庭醫師允許，患者是無法接受專科醫師的診療。另一方面，在法國、德國等國家，患者毋需經過家庭醫師允許，就可以接受專科區的診療。只是患者必須負擔較高的自付額。因為在這些國家，家庭醫師就像醫院的守門人。目的是減輕政府健康保險的財政負擔。若家庭醫師的醫術精湛就不成問題，但家庭醫師的素質良莠不齊，若醫師誤診初期症狀，患者就得傷腦筋了。相較之下，日本的患者可以自由選擇醫療機構與醫師，甚至能像購物般貨比三家。如此一來，要接受什麼水準的，診療，端看患者對於醫療的認知。日本的醫療採取自由主義的作風，這對患者來說並非壞事。但今日的日本厚生勞動省似乎企圖予以抑止。

從事基層醫療需要卓越的醫術，我甚至認為應以「綜合醫療」稱之。相反的，由於專科醫師只會留意與自己專業領域有關的器官，很有可能疏忽其他疾病、病因等。患者不只是許多器官的結合體，而是人。因此醫師需要具有高度的溝通能力。

之前我請松村醫師同意我與他一同前往患者家中看診，當我看見松村醫師繼承父親與患者建立的信賴關係、患者從小就認識「少醫師」的親近感、松村醫師看診時如何與照護經理人或照護員合作、經過到宅護理站時照護經理人與松村醫師的對等互動，就明白松村醫師在當地獲得多大的信賴。

松村醫師總是獨自前往患者家中看診，沒有護理師同行。當我問他是否會設立到宅護理站，松村醫師表示當地已有許多到宅護理站，不需要再另外設立。

在我們一同造訪的患者中，有一位罹患癌症的木村松子女士（八十多歲，假名）。木村女士在豪華住所中守護著佛龕，據說每三個月她的兒子會來探望她一次。木村女士坐在床上，而松村醫師、向松村醫師見習的實習醫師則坐在她身邊的榻榻米上。日本房間的配置使患者在上、醫師在下，改變了一般往往是醫師在上、患者在下的關係，我覺得非常好。

當時木村女士似乎想要一直安穩地住在家裡，畢竟那是她與家人度過美好時光的地方。她的心願能維持到何時？或許往後她的兒子會選擇將她送至醫院，也或許她會自己選擇入住安養院。

我與松村醫師一同造訪了數位患者，松村醫師都只有測量血壓、簡單觸診而未進行任何處置。我問他：「其實不需要醫師，只要護理師前往就夠了吧？」「沒錯，但是醫師的定期巡視能讓患者與患者的家人特別安心。」高度依賴醫療的患者更是不在話下。

不過實踐居家醫療的醫師，每日行程都十分緊湊。即使患者就住在附近很方便，但醫師也因此工作纏身。每天與家人共享晚餐後，就得立刻返回崗位。我

松村醫師與木村松子女士

看了都忍不住想問：「醫師，你是不是樂在其中？」立志實踐居家醫療的年輕醫師們會前來向松村醫師見習，而我擔心年輕醫師目睹這樣的重擔會嚇到退避三舍，而多嘴說了這句話。

照護城的理想

小平市民很幸福，因為有居家安寧療護的先鋒山崎章郎醫師，他成立了結合居家療養支援診所、到宅護理站、居家照護支援中心（照護經理人中心）、日間服務中心與高齡者專用租賃共同住宅「Ippukuso」的「照護城小平」。曾在病房服務的山崎醫師因對臨終前的急救存疑而決定成為安寧療護醫師，之後更成為居家安寧療護醫師。當時有地主願意一同發展安寧療養、實現醫師的理想，而提出成立照護城的構想。

在偌大的腹地上興建一棟兩層樓的建築——二樓有具交誼廳功能的餐廳，餐廳旁是二十一間單人房。一樓則是診所、到宅護理站。中庭開放民眾使用，時常傳來孩子們嬉戲的笑聲。在照護城小平，非營利組織「東京社群照護連結」負擔提供諮詢、培育志工，同時支援育兒。聽說最近有附近的居民抱怨托兒所的孩子太吵，甚至認為那是「噪音公害」。其實我不認為一堆在一起生活的老人，完全聽不見孩子的聲音是件好事。

入住單人房的可能是單身高齡者、身心障礙者或癌症末期患者，當時山崎醫師介紹我造訪的是九十多歲女性中野寬子女士（假名）。據說中野女士入住是因她的女兒住在小平市，發現照護城小平後就為獨居的中野女士申請。希望能就近探望母親，並將母親搬到家附近居住而非同住——這是很聰明的選擇。

同住時是全職的家人，分居時則是兼職的家人。即使分居還是家人，分居住在附近並經常探望即可。家，應該是世界上最能打從心底放鬆的地方。若家變成一天二十四小時、一年三百六十五天都不能休息的照護職場，家人完全無法排解壓力。如此一來，即使家人崩潰道：「爺爺、奶奶，你們能不能別住在家裡？」也是難免。人是懂得逃避的生物，只要分居就不會有那麼多痛苦。

照護是一件再怎麼付出都會有努力空間的事，而受照護者離世時，家人往往會自責，覺得自己做得不夠好。年輕的照護研究者井口高志先生稱之為「家人照護之無條件性」。對家人來說，照護是心中無法卸下的重擔。無論是在工作或在遊憩，即使沒有同住也是如此。既然如此，分居以確保自己至少在家能放鬆很重要。因為有了這樣的距離，家人自然可以對高齡者「比較溫柔」。大家不妨採取分居照護、通勤照護，別再陷入自責的情緒裡了。

只要有高齡者「一個人在家也毋需擔心」的機制，即使不與其同住，家人也沒必要自責。「照護城小平」提供的服務正是如此。之所以取名「照護城」，也蘊含著「使大家照常過日子的城鎮」的涵義。

飲食由餐廳統一配送，入住者也可以自行至餐廳用餐。房間內有緊急求救按鈕，萬一發生什麼事可以隨時聯絡保全，且二十四小時都可以請護理師自一樓前來。

我在沒有醫師陪同的情況下造訪了中野女士，並追根究柢地詢問：「住在這裡有沒有什麼不方便的地方？」、「有沒有什麼傷腦筋的事？」社會學者總是為了發掘問題而東挖西挖，是惹人厭的職業。我用盡一切方法，還是沒有問出中野女士的不滿。中野女士在說出：「我沒有任何不滿」時的表情很平靜，看來不像是場面話。我之後甚至向醫師報告：「中野女士說她很滿足！」

「照護城小平」的樣本源自於「照護城鷹巢」。「照護城鷹巢」位於日本秋田縣北秋田市——市町村合併前為鷹巢町——是由地方政府成立的老健。「照護城」的淵源為當時的町長岩川徹先生仿效丹麥型社會福利機構，同時打造高齡者、身心障礙者與孩子一同生活的城鎮、正常化（normalization）地區與學校。不過岩川先生在市町村合併前的二〇〇三年町長選舉中落選，致照護城的構想未能完全實現。經過一番曲折後，「照護城鷹巢」成立，但內容與當時的目標已有所不同。鷹巢二字自地圖上消失，只有出現在「照護城鷹巢」與初期負責經營的單位「鷹巢福祉公社」兩個名詞裡。其受到地方政治影響的成立過程，請參考拙著《照護社會學　邁向當事人主權的福利社會》（太田出版，二〇一一年）。

山崎醫師繼承了「照護城」理念，但有鑑於世事無常，因此他決定不倚靠任何行政機關的力量。事實上，小平市完全沒有補助「照護城小平」的建設。「不被行政機關牽著鼻子走」可以說是民間事業的抱負。

我與山崎醫師一同造訪獨居的癌症末期患者時，曾發生一件令我刻骨銘心的事。已婚的小林雄一先生（六十多歲，假名）與妻子分居，長年過著獨居的生活。儘管我當時在場，他仍對醫師表示自從昨晚身體出現變化，「我就不太敢一個人在家。」「我之前還覺得一個人真是太自由了，現在卻覺得好孤單……」我第一次目睹這個世代的男性在人前坦承「好孤單」，因此嚇了一跳。看著醫師聞言很冷靜地說：

「那麼你有兩個選擇。一是住在家裡請照護員、護理師定期來巡視。二是搬去安寧療護病房，我隨時都可以為你安排。你自己決定吧。」

我沒想到自己見證了高齡者做出關於臨終照護的重要決定。當時小林先生的答案是——再看看情況。

接著小林先生起身，帶我參觀他的寢室。在那個房間裡，我看見了驚人的畫面。他將掛在客廳的梵谷名畫《夜晚露天咖啡座》放大後貼滿一整面牆，並在四處鑽孔，好讓後方的燈光能流瀉。到了晚上，點亮燈光後躺在地上，會覺得自己彷彿身處國外的露天咖啡

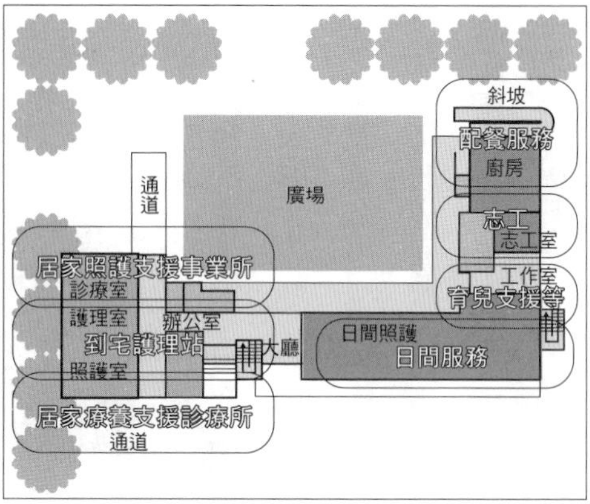

「照護城小平」一樓平面圖

座——夜空中星光閃爍，而石板路邊的露天咖啡座傳來美食的香氣與人們的話語……小林先生幾乎無法外出，這就像是以想像力享受時空旅行的裝置。

真壯觀啊——山崎醫師不禁屏氣。據說他造訪了小林先生數次，卻頭一回看見。或許是因山崎醫師與我這個第三者同行，才使小林先生打開心房。小林先生與我同年，過去是電工。想必這是他最後為自己所設計的大型作品吧。

只是當時小林先生專用的《夜晚露天咖啡座》尚未完成，我還記得山崎醫師小聲地說了一句：

「得加緊腳步完成才行。」

爾後山崎醫師與我聯絡：「上野女士與我一同造訪的那位癌症患者，一週後離世了。」也就是說，我是在他離世前一週造訪的。當我問：「他是在哪裡臨終的呢？」最後他自己選擇搬去安寧療護病房，並在醫院臨終。小林先生的《夜晚露天咖啡座》完成了

山崎醫師和小林雄一先生。掛在牆上的梵谷名畫《夜晚露天咖啡座》

嗎？在那之後，我每次看見梵谷的作品，都會不禁想起小林先生。

我也請住在東京都墨田區，居家醫療先鋒中的先鋒川越厚醫師同意我與他一同前往患者家中看診。在墨田區，經濟階層較低的人很多，我們造訪了依賴生活津貼維生的獨居男性，他是一名癌症患者。他住在沒有浴室的木造公寓裡一間兩坪多而採光欠佳的房間。他堅持不入住安養院與醫院，一定要住在家裡。因為領取生活津貼者不需支付醫療費用，反而能安心就診。沒有家人、沒有家也沒有錢，即使生病了，只要有最後的保護網、只要協助者尊重當事人意願，就一定沒問題。哎呀，天下無難事，只怕有心人嘛——我心滿意足地回家了。

東京都舊城足立區千住一帶的柳原醫院也是居家醫療的先鋒，我在那裡認識了川人明醫師。造訪患者時，患者對川人醫師讚不絕口。由於川人醫師也在場，患者說的話得打些折扣。當時其家人說了這麼一句話：「住在這個地區真是太幸運了。」儘管選擇住在這裡不是因考慮到有醫院，但罹患疾病後就會有很深的感觸。

醫院裡的獨立開業醫師？

住在鄉下的城鎮、郊外住宅區、舊城區等這些隨時都有醫師能前來看診的民眾很幸運。

鄉下的「限界村落」[11]又是如何？山梨縣山梨市的山間陡坡在嚴冬期會積雪、結冰，若不是駕駛四輪驅動車就無法移動。之前我與山梨市立牧丘醫院的古屋聰醫師一同造訪住在此處的近藤文子女士（九十多歲，假名）。近藤女士獨居在偌大的農家。四周的地形十分傾斜，憑高齡者的腿力想要外出散步是不太可能的事情。腳不方便的人屬於交通的弱勢族群，交通的弱勢族群在那個地區連購物都很困難。儘管近藤女士家門口有公車站，但每天只有數班公車經過。近藤女士的生活得完全倚靠那個地區僅存的五戶人家扶持。只要鄰居能協助購物，近藤女士就可以一個人用餐、如廁與沐浴。

寬敞的日式住宅四處都是階差，別說無障礙空間了，根本就是障礙空間。近藤女士似

11 日文為「限界集落」，意為「六十五歲以上的高齡者占人口五〇％以上的村落」。

乎不想放棄「自立」，認為只要能在家裡移動，就算是跪在地上爬行，生活起居就不成問題……。

說「跪在地上爬行」似乎有歧視的感覺，可能換個說法比較好——比如說「靠膝蓋移動身體」？其實我覺得沒有比「跪在地上爬行」更適合的說法了。

在日本住宅裡，坐著的機會原本就比站著的機會多。即使無法坐輪椅，腳不方便的高齡者也可以自由移動。我曾帶一名坐輪椅的外國留學生到日本人居住的狹小住宅，他也能在地上緩慢移動。幸運的是因為狹小，所以離廁所很近。

古屋醫師還帶我去造訪了其他在山間獨居的高齡者。對方的腳也不方便，但他能為造訪的我們拿坐墊、倒茶……完全不成問題，他只是對無法下田而感到很可惜。至於購物，則是每週由住在都市的兒子協助。

在近藤女士家，有一件事令我震驚不已——佛龕上有一張新的照片，問了之後才知道那是近藤女士的長女，她那一年甫離世不久。對一直以來倚靠長女的九十多歲高齡者來說，已經沒有什麼事能撫慰她了。超高齡社會就是會發生「高齡反服」，也就是「白髮人送『白』髮人」的情況。以前的人曾說：「孩子不能讓父母為自己送終」，現在要完成這個責任是越來越困難了。

近藤女士在暖桌裡放了一個感覺小女生會很喜歡的布娃娃，與近藤女士的年齡很不相稱。只要一想到她在九十多歲時失去了女兒，該有多麼孤單、無奈，我就什麼話都說不出來了。

某日古屋醫師傳來近藤女士的訃告。當時她已頻繁住院、出院，最後在牧丘醫院離世。牧丘醫院有三十張住院病床，據說是為方便患者能隨時住院，會保持一定的空位。

牧丘醫院的醫師隨時都會前往患者家中看診，反而不會在醫院門診看診。尤其是機動性高的古屋醫師更是神出鬼沒，無法掌握他的行蹤（儘管他總是會接手機）。前往患者家中看診時，他有可能會先順路回自己家一趟。三一一東日本大震災後，他有好長一段時間不在醫院，一直待在災區。幸好有同事做後盾，他才能安心離開醫院。或許是基於此情況，牧丘醫院持續召募機動性高的年輕醫師，而前來應徵的幾乎都是女性。其中，小澤幸子醫師是「海地之友協會」的代表。我從來沒有聽過這個團體，而海地位於加勒比海，因二〇一〇年遭遇震災而為人所知。當時小澤醫師等不及，立刻就想前往當地支援。即使如此，牧丘醫院的同事也完全沒有意見，反而溫暖地聲援：「路上小心。」繼小澤醫師後進入牧丘醫院的也是女性醫師。這些充滿活力的女性醫師面臨的關卡是懷孕生產、養兒育女。小澤醫師目前在丈夫協助下，正式挑戰這個關卡。

我曾有一天從上午九點至下午一點不吃不喝，與古屋醫師一同造訪了七名患者。古屋醫師總是自己駕駛一三〇〇C.C.的小車，沒有護理師同行。據說那是因古屋醫師認為自己比較知道路，由其他人駕駛反而麻煩。鄉下的路很窄，甚至無法會車，到了冬天還會結冰。不過古屋醫師卻能毫不猶豫地向前。計算起來，古屋醫師握著方向盤的時間比在患者家中停留的時間還要長。若在醫院看診，可以為幾名患者看診呢？嗯……就連我都想說這麼做的確會浪費醫療資源，只是，唯有倚靠古屋醫師前往家中看診的患者也確實存在。

包括我的年輕友人，牧丘醫院吸引了各地的實習醫師前來參觀。友人參觀後我問他：「如何？」他的答案一如我的預期：「太特別了，無法當做參考。」

古屋聰醫師和近藤文子女士

我稱古屋醫師為「醫院內的獨立開業醫師」，因為他的機動性太強，沒有任何人能束縛他、也沒有任何人能模仿他。幸好古屋醫師沒有主管。自己就是自己的老闆——這是鄉下的好處。

只要妥善規劃，鄉下的小型公立醫院應該有很多地方能與地區融為一體。

CHAPTER 9

居家安寧療護的嘗試

「等待死亡的家」？

根據前一章敘述的內容，我發現在家一個人臨終並非不可能。現在已有業者專門提供送終的服務，比如說位於日本宮崎縣宮崎市的居家安寧療護中心「媽媽的家」的市原美穗女士。

在那之前，先介紹一下何謂安寧療護。

其實很多人會排斥入住安寧療護，之後我將提及，目前的安寧療護病房有許多的限制條件。

日本最早的安寧療護病房，由大阪淀川基督教醫院的柏木哲夫醫師於一九七三年成立。到了一九八〇年代，各地的醫院開始出現獨立的安寧療護病房。

安寧療護的英文為「Hospice」，也可以說「臨終療護」、「緩和療護」，主要是為已無法治療的患者控制疼痛，或由宗教人士進行心靈照護，以減輕患者的痛苦。安寧療護病房最早出現在基督教醫院並非偶然，且配有神父與牧師。原本我就希望有「葬禮佛教」之稱的佛教宗派能在患者還活著時參與，不是只在葬禮時才出現，沒想到過沒多久，即有「毗訶羅（梵語為「Vihara」，意為安住、休養）運動，新潟縣長岡西醫院於一九九三年成立日本最早的毗訶羅病房。

安寧療護病房採取定額收費。入住三十天以內，一天為四萬九仟二百六十日圓。若符合健康保險的給付條件，自費負擔一成的金額為四仟九百二十六日圓、三成的金額為一萬四仟七百八十八日圓。儘管在自費負擔三成的情況下入住一個月，要價四十五萬日圓，但可申請減免高額醫療費用，上限為每個月十四萬日圓左右。醫院則每個月可獲得近一五十萬日圓的報酬，這意謂著安寧療護病房有利於醫院的經營。

市原美穗女士與作者

目前規範單人房才能產生額外的費用支出。儘管有些醫院的安寧療護病房只設置單人房，但還是有部份醫院會設有多人房。其實瀕臨死亡者不適合住在多人房，不僅同房者會干擾死亡時的靜謐，臨終時醫療者、家人頻繁進出也會影響同房者。依照目前規定，醫院至少有一半以上的病床不得收取差額，但有些醫院還是會對單人房收取每天兩千至四萬日圓的額外費用。有些價格高昂的單人房甚至每天要價七萬日圓。

不只是金錢的問題，入住安寧療護病房有著許多限制條件。

目前經厚生勞動大臣、都道府縣知事核可的安寧療護病房只收容癌症末期患者、AIDS患者，其他疾病的患者無法入住。此外，患者還得符合「已無法治療」的條件，一旦入住安寧療護病房就不會再採取任何醫療行為（除了緩和醫療）。即使到了末期，患者也不一定會放棄活命。若患者堅持在最後的最後還是要投予抗癌藥物，就無法入住安寧療護病房。

不難想像患者為何排斥入住安寧療護病房，那等於宣告放棄求生。長年以來在日本，當患者罹患癌症，醫師都會猶豫是否應該告知患者。因此對患者來說，「醫師建議入住安寧療護病房」一事更是致命。若醫師未告知患者，患者根本無法入住安寧療護病房。日本人覺得安寧療護病房是「等待死亡的房子」，在那裡只能看見牧師、僧侶，更別說心靈照護，有些患者只會感到越來越絕望。

造訪歐洲那些社會福利完善的先進國家，會發現他們的安寧療護比日本更徹底。比如說日本的安寧療護病房有醫師常駐，在丹麥的安寧療護病房只有護理師。他們只會請鄰近醫院的緩和醫療團隊前來巡視。他們基本上不會採取醫療行為，入住者就只是「住著」。丹麥的平均入住期間為兩週，而日本的平均入住期間為四十天（二〇〇九年）。儘管有點長，但患者的確在「等待死亡」。

觀察的結論，我不覺得歐洲的制度有日本值得效法的地方。若確定入住者即將離世，歐洲幾乎不會採取醫療行為，因此入住期間較日本短少許多。這顯然與冷靜的生死觀，甚至安樂死思想有關。各國的照護制度會深刻地反映當地社會的生死學，因此無法只簡單地將制度移植到日本。

入住者則是得在無法行走而瀕臨死亡的末期，離開熟悉的住所，而且是在得知自己數週後就會離世的情況下。入住者會多麼絕望？只剩下數週……難道不能繼續住在家裡嗎？

我曾造訪日本的安寧療護病房，那裡充滿著「死亡的沉默」，會令人忍不住壓抑腳步聲與說話聲。不知道是不是我的錯覺，我甚至覺得護理師從一般病房走到安寧療護病房後，也會刻意放輕腳步並盡可能不要發出聲音。

遠離生命的氣息、遠離前來醫院探望其他患者孩子的笑聲，只能等死的時間與空間——這實在太不自然了。

從安寧療護病房到居家安寧療護

一如前文所述，山崎醫師成為安寧療護醫師後，認為安寧療護病房終究還是病房，因此決定成為居家安寧療護醫師。對患者來說，安寧療護病房乃不屬於日常生活。為何在瀕臨死亡的末期得脫離日常生活，移動至不屬於日常生活的時間與空間？難道不能在日常生活的時間與空間裡迎接死亡嗎？這就是所謂的居家安寧療護。

柴田由美子女士是我認識了三十年的老友，她在癌症末期離世了。柴田女士是銀閣寺旁的精品店「ripin」的經營者兼設計師，販售用天然素材製作的商品。其中，穿起來十分舒適的成年女性服裝非常受到歡迎。現在的經營者已將「ripin」遷至中京區。柴田女士和我一樣過著獨居的生活。儘管有其他兄弟姊妹，但她沒有孩子也沒有孫子。所謂物以類聚，她有許多單身或恢復單身的朋友。那些朋友輪流在她的住所過夜，陪她走完人生最後一哩路。

在當中擔任核心的朋友為她調查並預約當地的安寧療護病房，做好了萬全準備：「只要你決定了，隨時都可以入住。」最近的安寧療護病房並不是走進去就出不來的死路。因此朋友也說：「只要你不想，隨時都可以離開。」只是柴田女士遲遲無法做出決定。身邊的人都能理解，畢竟她原本就是優柔寡斷的人。直到最後的最後，她再也無法自由活動，才決定入住安寧療護病房。

兩天後，那位擔任核心的朋友傳來柴田女士的訃告並感嘆著：

「才住進去兩天就走了。早知道這樣，她應該早一點做決定……」

我記得我第一句話是這麼說的：

「是啊，才兩天。只要她再猶豫兩天，就可以在家臨終了呢。」

或許這樣做會給身邊的朋友造成負擔或帶來困擾，但不可能持續到永遠。朋友也只要量力而為，輪流陪伴她即可。若朋友都累了，也可以借助照護員等第三者的力量。若再更積極一點，過著獨居生活的柴田女士就可以在朋友的扶持下，實現居家安寧療護了。

臨終前兩天，還得離開熟悉的環境搬去陌生的空間……其實人們習慣明天過著與今天一樣的生活，徹底改變一定需要很大的決心。

在我持續採訪在家一個人臨終的過程中，曾參與的人都認為「當事人的強烈意願」是實現在家一個人臨終的首要條件。這裡的強烈意願或許是指對抗「不能放你一個人不管」的想法、強烈建議入住安寧療護病房的聲音等。瀕臨死亡的人不僅會體貼身邊的人，也會變得比較膽小。若身邊的人強烈建議，且家人也這麼希望，當事人就有可能為了家人而改變心意決定入住。可是比起持續每天原本的生活，徹底改變更需要「強烈的意願」。

經過了上述經驗，我開始認為在家一個人臨終不需要「強烈的意願」，只要一天拖過一天並苟且的過著就好——這是柴田女士留給我的教誨。

居家安寧療護的實踐

話題回到居家安寧療護。

事實上，居家安寧療護也是最後為群居高齡者送終的事業——死期將近的當事人選擇在哪裡臨終的「最後的棲身之所」，當然不全然只有安寧療護可以選擇。

鄉下有許多大型空屋。租賃後做為高齡者的居住設施，並請提供居家照護服務的業者於夜間協助。從照護至送終，每個月的費用約為十五萬日圓。若需要醫療，就要再加上健康保險的自付額。此屬租賃業而非團體家屋、小型多功能安養院、自費安養院、高住，無法以照護保險給付。也因此不受照護保險限制。應該說這是刻意選擇制度外的做法。

在制度內必須確保無障礙空間、走廊寬度、灑水器等細節，這有違創業者「租賃一般的民宅，使高齡者過著一般的生活」的初衷。既然像「媽媽的家」這樣的「居家安寧療護中心」使用「居家」二字，表示目標是讓無法住在家裡的高齡者過著一般的生活。此外高齡者入住後，業者將負起全責直到為高齡者送終為止。

「居家安寧療護」的英文「Home Hospice」也可以直譯為「等待死亡的房子」。但總不能說：「媽，要搬去等待死亡的房子囉。」他們之所以選擇這麼稱呼，除了「安寧療護」一詞在日本尚未普及外，也是因以往安養院並沒有提供送終的服務。雖然特養沒有，但老健應該要協助入住者在家臨終。團體家屋也沒有，高住大部份都是「自立型」。上述設施都認為應該要在醫院臨終。

特養、老健的重症入住者越來越多，無處可去的高齡者只能長期入住，使安養院不得不成為高齡者最後的棲身之所。因此這一陣子安養院的送終率日益提升，且日本的照護保險也為安養院加計「送終照護」的配分。若是臨終前想不送至醫院，還是得經過家人同意。

居家安寧療護中心「媽媽的家」今年滿十一週年。市原美穗女士十一年前成立此事業的契機是因當地的高齡者在受照護而搬去安養院時，房子就會空著。市原女士以照顧對方為條件，向對方租賃整棟住宅，再分成五個房間出租，使高齡者群居於此。居家安寧療護的好處是在一般的民宅過著一般的生活，而非安養院。無論是家人出入、鄰居交誼都很自由。儘管日本住宅是「障礙空間」，但高齡者在熟悉的榻榻米上生活會比較放鬆。民宅的力量不可小覷，便無需豪華般的建築。

從二〇〇四年的「曾根媽媽的家」、「霧島媽媽的家」開始，到二〇〇七年的「家檍媽媽的家」——他們陸續成立新的分館，但堅持每一間分館至多收容五名高齡者。高齡者可能會因身體的變化而離開，甚至離世。收容人數即使只減少一名，對經營造成的影響應該也不小。可是市原女士絲毫不肯妥協：「人數不超過五名才能隨時留意每一位高齡者的情況。」或許將收容人數提高至七、八人，能使經營更穩定，但目前還是能勉強維持收支的平衡。

由於每一間分館都以租賃民宅的形式經營，初期投資的金額不高，再加上市原女士笑著表示：

「我們租賃住宅時，還要照顧原本住在裡頭的房東。這是最理想的做法，因為我們還可以運用房東在當地的人脈。」

計畫成立安養院時，鄰居大多會感到排斥。租賃民宅能借助房東長年居住於此所建立起來的「信用」，如此一來，成立安養院也會比較順利。

若協助高齡者直到送終，勢必需要醫療介入。不過市原女士認為——主角仍是照護而非醫療，因此於成立居家安寧療護中心後的隔年，二〇〇五年成立「到宅照護站Pallium」。市原女士在宮崎市內播種，並與居家醫療、到宅護理站結合。我於二〇一四年造訪時，宮崎市內約有三十個到宅護理站，協助範圍幾乎涵蓋整個宮崎市。「只要住在宮崎市，無論哪裡都可以在家臨終」，得知此事使我感到十分安心。

居家安寧療護中心與安寧療護病房相差甚遠。安寧療護病房只收容癌症與ＡＩＤＳ患者、團體家屋則只收容失智症高齡者。不定期定額契約制的小型多功能型居家照護服務（根據使用者的需求，結合「前往安養院」、「入住安養院」與「到宅照護」等選項）已逐漸

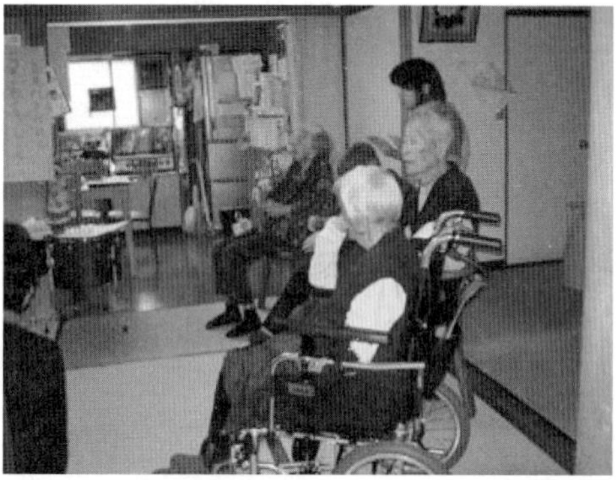

居家安寧療護中心「媽媽的家」

「居家化」，基本上只提供日間服務。考慮到業者將負起全責來照顧高齡者，直到為高齡者送終，因此日本厚生勞動省決定不讓照護經理人介入。當初厚生勞動省將不定期定額契約制的小型多功能型居家照護服務訂為模範事業，我就覺得這個制度有待商榷。由業者負起全責而無需照護經理人介入，表示高齡者接受何種照護將由業者決定。小型、封閉而無從監視，沒有人知道裡頭的情況——這一點令我擔憂。

居家安寧療護中心是租賃業，入住者都有各自的照護經理人。市原女士也說：「至多收容五名高齡者的地方，最少要有五名照護經理人」。照護經理人有監視的作用，因此才會如此安排。

居家安寧療護的第二階段

受到市原女士的影響，日本全國的居家安寧療護中心越來越多。我採訪時（二〇一四年）九州地區有六間、中國[12]與近畿地區有八間、關東地區有兩間、東北地區有三間，總共有十九間。若含括籌備中的，則總共有二十九間。這表示大家有這方面的需求。其中宮崎市占了四間，市原女士自己表示這已經是極限了。超過四間，可能無法面面俱到。若居家安寧療護中心日益增加，品質可能參差不齊，必須重視管理。我認為居家安寧療護已經從播種、發芽、茁壯進入第二階段。

感受到危機的市原女士不希望長年建立的信用遭到破壞，最近不僅成立了全國居家安寧療護推進委員會，並註冊了「居家安寧療護」此一名稱的商標。

送終的商機加深了這樣的疑慮——二〇一〇年，名古屋一帶的高住業者被檢舉與醫院掛勾，透過頻繁回診與到宅護理等，向出院者索取昂貴而不合理的報酬。高住屬租賃業，並提供飲食、陪伴與送終，每個月的費用為十五萬日圓。令人驚訝的是他們只收容插鼻胃管的患者。我甚至不禁佩服：「他們的算盤打得真精。」只收容插鼻胃管的患者就不需要廚房與廚房的工作人員。但被檢舉的業者卻大言不慚地說：「患者的家人至今只有感謝我們，完全沒有人抱怨。」

若每個月的費用為十五萬日圓，則接近新型特養的水準。普通的家庭只能以年金勉強支付。對於有些無法入住特養，或因高度依賴醫療而不受安養院歡迎的高齡者，可能就會產生「抓住最後一根稻草」的心態。讓這種業者越來越多，市原女士們必須開始思考如何維護「居家安寧療護中心」的信用了。

居家安寧療護中心的臨終案例：「三戶女士」

我造訪「曾師媽媽的家」時，曾與三戶SATSUE女士見面。一聽到「三戶女士」，我就覺得耳熟，因為我是京都大學的畢業生。三戶女士長年觀察並協助研究「幸島」食用芋頭前會先清洗而為人所知的猴子。

京都大學的靈長類研究在全球屈指可數，現任校長山極壽一先生也是從事靈長類研究的學者。我也有朋友從事靈長類研究。當我還是京都大學學生時期，靈長類研究的先鋒伊谷純一郎先生、河合雅雄先生十分活躍。我甚至曾特地到理學院上——有「靈長類研究之詩人」之稱的——伊谷先生的課，但我很快就放棄了。因為從事靈長類研究的學者必須與猴子一同行動，因此都習慣早起，所以課程都安排在早上第一堂。這對總是睡到中午的夜貓子文學院學生來說，簡直是不可能的任務。

幸島是宮崎縣日南海岸旁的一座小島，也是知名的日本獼猴棲息地。學者會在那裡以

12 日本的中國地區由本州西部的鳥取縣、島根縣、岡山縣、廣島縣與山口縣組成。

餌食吸引日本獼猴並進行觀察，但因學者無法常駐。所以需要當地人協助接待、引導學者並負責持續提供餌食。三戶女士正是其中一人。

有一天三戶女士發現幸島的日本獼猴在吃做為餌食的芋頭前，會先以海水清洗。以海水清洗不只是為了去除黏在芋頭上的沙子，更是為了以海水為芋頭增添一些鹹味，讓芋頭更好吃……這是人類全新的發現，也是日本獼猴全新的習慣。一開始這麼做的是年幼的母猴，接著成年的母猴開始模仿。據說身處長老地位的成猴直到最後都很頑強，不願意學習這種習慣——此事對觀察全新的文化如何誕生、傳播是很貴重的事例。

閱讀這份報告時，我就覺得偶爾前往的學者不可能發現這種現象，一定是有當地人協助，只是學者將他們的發現視為自己的功勞並寫成論文而已。事實上也的確是如此。

當我問起三戶女士的過去，才知道她是宮崎縣教職員工會裡強悍的鬥士，過去還曾率先發起環保、反核等運動。儘管她罹患了失智症，她的眼神還是依然銳利、腰桿還是很挺直。三戶女士的家位於靠近海岸能眺望幸島的地方，聽說坐在輪椅上的她只要從「媽媽的家」返回家中，總是會一直看著海。

市原女士都會試著了解每一位入住者的來歷，不只是為了傾聽。因為每個人都有自己的歷史，市原女士這麼做是基於尊重對方、正視對方的信念。「那位三戶女士竟然住在這裡！」看見我的反應，市原女士十分開心。因為終於有人可以與她分享三戶女士的過去。

三戶女士與作者在「媽媽的家」合照

三戶女士的女兒也會出入「媽媽的家」，使我有機會與她變得熟悉。想必與個性頑固的母親相處，平常的方法是行不通的。據說她對於三戶女士能在「媽媽的家」安享晚年感到非常安心。

一陣子後，我接到市原女士的聯絡：「那位三戶女士離世了。臨終時三戶女士的女兒也陪在身邊。」

沒想到之後三戶女士的女兒將三戶女士一只美麗的珍珠戒指送給我：「這是我母親的遺物，希望您能收下。」相信三戶女士過去一定十分珍視那只戒指。

沒想到那只戒指竟然由我保管。儘管我不是三戶女士的女兒，但每次戴上那只戒指，我都覺得三戶女士在我的身邊守護著我……這是多麼奇妙的緣份。

CHAPTER 10

送終師的角色

死亡的準備期

有句話說：「出生時一個人，死去時也是一個人。」

事實上無論生死都不會是一個人。出生時除了父母，還會有助產士、其他提供協助的親友參與。死去時亦然。在緩慢死的過程中，身邊也會有照護員、護理師與醫師。

請容我再次重複，超高齡社會的死亡是緩慢死。明明昨天還好好的，今天早上卻成了一具冰冷的屍體——這樣的「猝死」十分少見。有些人會擔心：「若我一個人在家變成冰冷的屍體，其他人會不會報警啊？」請放心，這種情況並不常見。

緩慢死的好處是可以預期。就像緩慢地步下山坡，可以預期照護、護理與醫療將介入整個過程。換句話說，就是可以為死亡做好準備。

這樣一想，或許就會覺得知道自己的壽命，比如說罹患癌症時醫師會告知可能剩下多少時間，是一件值得感恩的事。有時候因罹患癌症而臥病在床的人會申請照護保險給付，但受照護程度的認定，從提出申請到得知結果是需要一個月的時間，有些人會為此感到不滿，因為有可能會來不及。但這卻是因不懂得運用制度而產生的偏見。基於這種情況，現在只要經照護經理人判斷，病情突然惡化的患者可以在尚未得知受照護程度時，即可先行使用照護保險。

若死亡可以預期，我認為應該要對親友說出自己的想法、應該要不斷地向親友道謝、道別。「或許這是最後一次見面了」、「感謝你這段時間陪伴在我的身邊」、「有你這樣的家人真好」、「我以有你這個兒子為榮」……或許家人之間說這些話會不太好意思，但之後有可能再也不會交談了。想說的話，還是趁活著時好好的告訴對方吧。這才是醫師告知的用意啊。

所有感謝、讚賞的話語，死者都不會聽見……我們為死去的親友朗誦弔詞、撰寫追悼文的機會卻越來越多，因此開始覺得應該要趁活著時告訴還活著的人：「認識你真好」、「我一直都很感謝你當時那麼做」之類的事。與朋友見面，我也會想「不知道下次何時才能見面」、「希望你可以活久一點」。所以最近一直受我稱讚的人要小心哦（笑）？

這樣一想，就會覺得「猶豫是否要告知患者，甚至隱瞞患者可能剩下多少時間」的時代實在野蠻。告知是為了使等待死亡的人好好度過無可取代的珍貴時光，因此必須讓當事人了解事實，共享離別的痛苦、時間的可貴。

今天晚上閉上眼睛，或許明天早上就不會醒來。那麼若能迎來新的一天，就要心懷感恩地度過。晴天時享受溫暖的陽光，雨天時享受微潮的氛圍。想著：「啊，又多活了一天真好」，安詳地走完最後一哩路——是我個人的願望。

在與我合著《上野千鶴子舉手發問　小笠原醫師，一個人可以在家臨終嗎？》的小笠原文雄醫師的診所，癌症患者在家臨終的比例為九五％。即使是在居家療養支援診所，這麼高的比例也實屬少數。但因此處限定「癌症患者」，表示目前癌症患者在家臨終的門檻不高。即使過著獨居生活，癌症患者還是能輕鬆跨越門檻。

若受照護者臥病在床，照護者反而比較輕鬆。一旦受照護者無法飲食甚至陷入昏睡，就不需要協助飲食，照護者的工作量也就更少了。

天使團隊

因為在一旁陪伴的家人會非常擔心。受照護者瀕臨死亡時，會因呼吸困難而以費力張口的動作呼吸。有些醫師表示受照護者乍看之下很難受，但那其實是末期借助下顎運動力量來呼吸的生理反應，受照護者不會覺得痛苦。甚至有些受照護者不會出現這種情況，就平靜離世。曾接觸在醫院臨終或在家臨終患者的醫師，都認為在家臨終的人的表情比較安詳。人們的死亡可能各有不同，但通過死亡的道路卻沒有那麼多。

現在的人幾乎不會目睹親戚斷氣。除了親戚少，祖父母那一輩又住得遠。加上人們往往是事後才會在醫院面對冰冷的遺體。在醫院臨終的歷史不長，卻已徹底成為人們的習慣。將當事人送至醫院後，家人便只能在一旁守護，全權交由醫師、護理師處理。

對此，一般社團法人「寬心里」代表柴田久美子女士提出——派遣送終者至家中的做法。柴田女士原本是外商企業的優秀員工，因父親離世而決心投身照護領域，於島根縣隱岐郡的離島知夫里島成立提供送終服務的照護事業所。柴田女士同時也是《我想抱著送他們離開——送終的每一天》（西日本新聞社，二〇〇六年）等書的作者。

照護保險成立時，曾討論過偏鄉、離島等沒有業者提供服務的地區該如何處理？畢竟每一個四十歲以上的國民都得繳納照護保險費用，若當地沒有業者提供服務，會出現「繳了費卻無法使用服務」的情況。當時位於日本海的知夫里島有七百人口，卻沒有建立包括送終的支援系統。因此柴田女士曾目睹許多需要照護的高齡者，為了入住本島的安養院而流著淚上船。為了「我想在島上斷氣！」、「為什麼不能在島上離世？」等聲音，柴田女士於二〇〇二年成立「寬心里」，協助高齡者在他們想要的地方離世。將想法付諸實行是她值得敬佩之處，而她至今已為數名高齡者送終。送終時，她都會將高齡者抱在懷中。

柴田女士以「幸齡者」[13]稱呼高齡者，並以「提供溫柔再溫柔的陪伴，最後抱著送他們離開」為目標。她說死亡就像總決算，即使過去多麼不幸而痛苦，只要安詳離世，人生就是幸福的。聽到她這麼說，叛逆如我忍不住想問：「若是走得不安詳，人生就前功盡棄了？」但先別管我的想法，她確實為高齡者奉獻了自己。

爾後照護事業所因故搬離知夫里島，遷至島根縣出雲市。從那時候開始，柴田女士開始組織提供送終服務的志工——天使團隊。天使團隊的成員非專業人士，既非照護員亦非護理師。天使團隊的任務是陪伴與送終，甚至不會介入照護。照護由照護事業所另外派遣照護員為之。

「召募天使團隊很辛苦吧？」「不會，有許多人想參與。」「大家不會擔心自己值班時，剛好有人要離世嗎？」「不僅不擔心，大家都希望自己值班時能為高齡者送終。而且只要經歷一次，就想經歷兩次、三次」我聞言，著實吃驚。

天性多疑的我親自去了一趟島根縣，造訪天使團隊。當我直接詢問志工時，沒想到他們的答案竟與柴田女士說的一模一樣。

我與柴田女士一同造訪的人家裡，有位高齡者臥病在床、昏沉度日，無論何時離世都不奇怪。儘管根據鄉下多代同堂的情況，與家人同住的高齡者白天幾乎是過著獨居生活。白天家人外出工作，留重度高齡者一個人在家——這樣的情況十分常見，而天使團隊負責在此期間陪伴高齡者。當時我看了志工為交換資訊而記錄的「天使筆記」。

天使團隊的構想周到、機制完善，我不禁讚嘆：「原來可以這麼做！」判斷高齡者瀕臨死亡時，複數志工會組織起來。志工每次值班上限是三小時，即使志工情況允許，仍不會超過三小時。

天使筆記

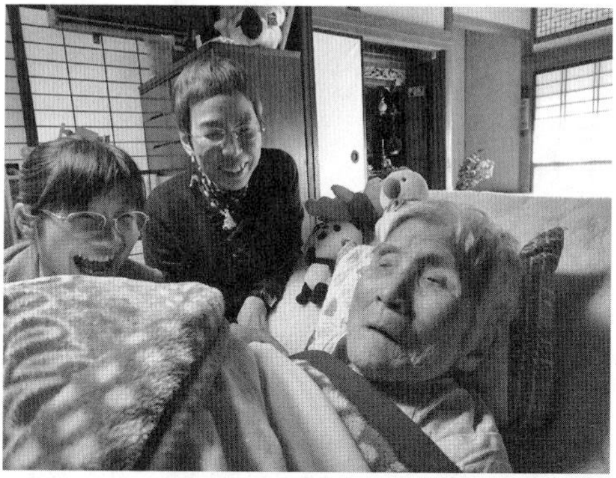

左起為柴田女士、作者、臥床的高齡者

13 「幸齡者」與「高齡者」在日文中發音相同，只是漢字寫法不同。

我一聽到三小時，立刻「哇！」地一聲。因為自己與孩子都是身心障礙者的同儕輔導員安積遊步女士在育兒的過程中說了一句名言：「在密室裡只與嬰兒兩人共處三小時，母親將成為傷害嬰兒的凶器。」她提出的解決方法十分簡單——在隨時都有第三者出入的環境，且只與嬰兒兩人共處不超過三小時。這樣的智慧適用於所有孩子，無論孩子是否為身心障礙者。

不僅如此，天使團隊的志工只有在高齡者瀕臨死亡時才會介入，為期不長。平均大約兩週。兩週內，他們就能完成送終並獲得成就感。這份成就感還能與其他夥伴共享。我可以明白那種「在目標相同的夥伴中，希望自己值班時為高齡者送終」的心情。高齡者是否瀕臨死亡由照護員判斷。儘管至今照護員幾乎不曾失誤，但卻曾發生高齡者迴光返照等出人意料的情況。

希望自己值班時為高齡者送終，還隱藏著另一個「謎」。柴田女士在著作中曾提及，離世的人們會在斷氣的瞬間將「生命的接力棒」交給下一個人。因此見證斷氣的瞬間可以帶來幸運……嗎？我不相信來生也不相信靈魂，實在無法對此產生共鳴。即使不相信，對任何人來說，斷氣的瞬間都莊重而肅穆。儘管天使團隊的志工與高齡者毫無血緣關係，還是會覺得感動。

山陰地區[14]的鄉下若不駕駛汽車就無法移動。天使團隊的志工都是自己駕駛汽車。照護保險不給付交通費用，但志工會收到些許謝禮，一小時兩百日圓。據說所有費用都是以照護事業所的收入支應（現在則完全無報酬）。

照護保險支應的照護與護理也有限，短期的巡視或許沒問題，長期的陪伴則絕對不可能。天使團體陪伴高齡者的志工填補了照護保險的空缺。

培育送終師

柴田女士之後從米子市遷至岡山市，成立「日本送終師協會」，致力於培育日本全國送終師。二〇一五年八月，舉辦第二屆「思考日本的送終」全國大會；而截至二〇一五年十月，通過送終師檢定者共有九十一名。

我問：「怎麼做才能成為送終師？」答案是必須接受十五天密集研習，加上住宿的參

14 日本的山陰地區隸屬中國地區，由中國山地北邊的鳥取縣、島根縣與山口縣北部組成。

加費用為二十六萬日圓，並不便宜。我又問：「課程內容為？」當時的規劃除了檢視自我心理的胎內內觀法等研習外，還有生活禮儀、送終學等講座。學員最後必須提出報告。目前課程經過簡化，只需要六天。內容包括送終學等，而費用為二十一萬八千日圓。嗯……原來為人送終必須累積如僧侶般的修養啊，門檻有點高。抄經也是課程之一，看來柴田女士本身就是佛教徒。這些內容對討厭檀香味的我來說，只能敬謝不敏了。

據說送終師的委託人通常是想在家臨終者的家人，這我可以理解。送終時家人會不安，而送終師的任務就是陪伴、消弭不安，並適當處理突然惡化、恐慌等情況，使想要在家臨終者安詳離世——協助生產的是助產士，那麼協助死亡的可以說是「助死士」。以前家族裡總是有送終經驗豐富的親戚，能讓大家倚靠；現在沒有了，難怪家人希望能有送終經驗豐富的人陪伴在身邊。

送終師的費用需自費負擔，一小時約八千日圓，據說與自費負擔到宅護理師的金額相同。既然如此，是否應申請到宅護理師？不過照護保險與健康保險都不給付長期的到宅護理師，必須由送終師填補空缺。

也就是說，只要有自費負擔的心理準備，都能請照護員或護理師提供長期的服務。無論如何，送終都為期不長，不可能持續到永遠。送終師檢定或許有「熟悉送終而值得信賴」的品牌效果。

第九章提及成立居家安寧療護中心「媽媽的家」的市原美穗女士也提出了類似的做法，聽說她最近開始組織退休的護理師、公衛護理師，派遣至高齡者家中以志工的形式陪伴高齡者並為高齡者送終。一小時約五百日圓（真的是志工價！）而這樣的服務也是為了陪伴、消弭不安。只靠照護保險不夠……第一線的專業人士都心有戚戚焉。若最後能有人陪伴，該有多安心啊。市原女士認為退休護理師、公衛護理師是最合適的人選。

第一線的專業人士為了滿足眼前的需求，果然構想都很類似。我不禁感到佩服。

誰的需求？

那麼，接受送終的當事人呢？

送終師究竟是為了因應誰的需求而出現？

想必是家人為了滿足當事人安詳離世的心願，而強忍不安、恐慌以及拿起話筒撥打一一九的衝動。結果可以說是「為了因應當事人的需求」。可是當事人又有哪些事會想倚靠送終師呢？當然，瀕臨死亡的高齡者此時可能已經意識模糊，而無法請送終師協助什麼事。

此時，我總是會想起入住高齡者集居住宅「ＣＯＣＯ湘南台」的西條節子女士曾分享過這麼一個小故事——「ＣＯＣＯ湘南台」成立於一九九九年，於去年[15]滿十五週年。西條女士是成立當時即入住的人，隨著時間年齡又增長了不少。西條女士於七十三歲入住，過了十五年，現在是八十七歲。我每年都會造訪，像「定點觀測」般確認入住者的變化。

我總是很關心一件事——高齡者好不容易選擇了最後的棲身之所，而業者是否會提供送終的服務？其實「ＣＯＣＯ湘南台」也已有數人離世、數人搬離。受照護程度很高的獨居老人會移至安養院，最後在醫院臨終。其實有些高齡者想要一直住在集居住宅，並在其他夥伴支持下臨終。其中一位就是癌症末期患者，在大家商量後，決定由其他入住者輪流陪伴，直到當事人臨終都不再讓當事人只有一個人。

輪到西條女士陪伴時，西條女士問了當事人：「我想聽一聽你的真心話」。沒想到對方竟然說：

「偶爾請讓我一個人獨處一下。」

西條女士這才恍然大悟。

我的第一個感想是——西條女士，你真是問得太好了！瀕臨死亡的人們眼見大家溫柔地隨侍在側，即使覺得：「我很感謝大家，但這實在有點煩人啊。」也不會說出口吧。對方之所以會如此回答，完全是因為西條女士個性率直，就像是會問這種問題的人。

鶴見和子女士在宇治的自費安養院離世時，在一旁陪伴的是她的妹妹——內山章子女士。離世前數日，鶴見女士在房間內對妹妹說：

「真高興你能在我的身邊。」

瀕臨死亡的人所懷抱的感謝一定是真的，不過想要獨處一定也是真的。人們會在「一個人」與「不是一個人」之間搖擺不定。

更確切地說，人們希望自己想獨處時可以一個人、不想獨處時不需要只有一個人……若能滿足兩者，該有多好啊。

體貼的家人可能會以為當事人希望每次睜開眼睛，總是可以看見其他人，而不想要孤伶伶的一個。不過真的只要睜開眼睛可以看見其他人，無論對方是誰都無所謂嗎？包括陌生的志工、送終師嗎？換做是我……我還沒有死過，不確定自己會怎麼想。若具備「獨居老人耐性」，即使一個人也不打緊吧。萬一發生什麼事，按下連接到宅護理站、照護站的呼叫鈴就好。

我曾提及不想讓死期將近的當事人獨處、希望能見證當事人臨終等，不是出自當事人

15 本書日文版於二〇一五年出版。

的意願，而是家人等身邊的人的堅持。

我稱之為「見最後一面的堅持」。不僅當事人有這樣的堅持，送終者也有。

但是像我這樣的「敗犬」，連家人都沒有又何來堅持，應該可以一個人安詳的離世。對獨居老人來說，「偶爾請讓我一個人獨處一下」也是需求之一吧。

前一陣子，我在日本關西地區見到了柴田女士，當我說：「我要在家一個人臨終。」她的回應是：

「不，我絕對不會放你一個人不管。我會抱著你，送你離開。」

我有一位很可靠的朋友（笑）。

CHAPTER 11

送終管理

年輕友人的訃告

最近我經常收到同齡層的訃告。同樣都是哀傷，但收到父母、恩師一輩的訃告時，我比較能接受。收到同齡層的訃告，真是一種考驗，更別說年輕友人的訃告了。那會使人感覺死亡特別靠近，任何時候發生任何事都不足為奇。

撰寫這本書時，我有一個經驗特別想記錄下來。由於是朋友們為獨居老人送終，因此我一直覺得那彷彿將會發生在我自己身上。

一九五四年出生的竹村和子女士，因惡性腫瘤於二〇一一年十二月十三日臨終，享年五十七歲。她小我六歲。春天時出現症狀再接受診療已經太遲了，她與病魔搏鬥十個月，在當年年底離世。

她是獨生女，一個人送走了父母親。加上她未婚，沒有孩子也沒有孫子，只有一個住在京都、需要受照護的嬸嬸。

竹村女士是任職於御茶水女子大學的英文學者。她曾擔任將酷兒理帶進日本的犀銳學者朱迪斯・巴特勒（Judith P. Butler）翻譯、引介，其理論之艱澀為人所知。一如德希達（Jacques Derrida）的學說在美國有斯皮瓦克（Gayatri Chakravorty Spivak）為其翻

竹村和子女士

譯、引介，巴特勒在日本能獲得竹村女士這樣的「仲介」實在幸運。我曾聆聽過她的演講數次，總是對她的機敏感到佩服。之後參與學術研討會，我經常忍不住想著若此時竹村女士在場就好了。她的主要著作包括《女性主義　思考的邊境》（岩波書店，二〇〇〇年）、《關於愛　存在與欲望的政治學》（岩波書店，二〇〇二年）與遺著《文學力之挑戰　家庭、欲望與恐怖主義》（研究社，二〇一二年）等，還有許多譯作、英文演講與論文。我在她的遺著《攪亂境界　性、生與暴力》（岩波書店，二〇一三年）中擔任編輯與解說。

「K團隊」的經驗

為了扶持她與病魔搏鬥，河野女士組成了只有一名男性成員的三十人「K團隊」（「和子」的日文發音為Kazuko，故以「K」命名）。與病魔搏鬥的過程全記錄在《竹村和子女士與「K團隊」》這本小小的刊物，由河野貴代美、大島美樹子、篠塚英子合著。河野女士為K團隊的領導者。只有朋友扶持沒有家人陪伴的獨居老人與病魔搏鬥是十分珍貴的經驗，有人建議付梓出版卻未能實現，只有留下這本刊物。出版社只有在編輯她的遺著《她在看些什麼——影像表象與欲望深層》（作品社，二〇一二年）這本談女性主義電影評論的書時，附上這本刊物做為附錄，因此許多人沒有看過這本刊物。我一直都希望能將這次親眼目睹的經驗記錄下來。

《竹村和子女士與「K團隊」》開頭如此寫道：

「至今我們曾看見許多罹患疾病的患者或其家人與病魔搏鬥的記錄，那些都很珍貴。不過「K團隊」卻十分特別，因為「K團隊」並非患者的家人。我們留下這些記錄，最大的目的是期待能對未來的醫療——尤其是無法治療的患者的疾病照護與末期送終——提出一些見解與問題。」

K團隊由竹村女士全心信賴的年長友人，同時也是女性主義治療師的河野貴代美女士統籌，成員是竹村女士與河野女士往來密切的朋友。一開始是六人團隊，爾後以電子郵件帳號群組（以下簡稱ML）建立關東至沖繩的女性網絡（其中只有一名男性），總共有三十人加入。

竹村女士身為大學教授，在性別研究領域中舉足輕重，擁有廣大的人脈。眾人得知竹村女士因病請假時，不僅同事、學生，包括竹村女士日本國內外的友人皆傳來無數問候、擔心的信件，還有醫院與治療的資訊。竹村女士得知自己罹患癌症時已經太遲了，因此她措手不及一片慌亂。即使那些信件出於善意，但對她來說，一一回應是非常沉重的負擔。K團隊的領導者河野女士有機會就將「竹村資訊」寄給ML，透露即使外流也無妨的病情與近況。有時候她還會轉寄竹村女士本人的訊息。

不僅如此，住院與出院時的支援、飲食療法、替代療法的協助等各種指令透過ML頻繁傳達。K團隊中還有人以網路工具管理各方傳來的治療資訊。

竹村女士除了前往醫院以抗癌藥物治療，還選擇了只攝取玄米蔬食的飲食療法。住在附近的K團隊成員每天輪流前往她家，準備玄米蔬食的餐點。其中有人請家人寄來自己種植的無農藥食材。「準備餐點後一同享用」這是非常好的想法。她原本就是對飲食有所堅持的美食家，但此時菜色不再是重點，而是與其他人一同享用的餐點感覺更美味。負責輪流準備的成員表示——她無論享用任何餐點都會說：「好吃、好吃」，使他們充滿成就感。令我佩服的是K團隊的人數足夠，即使有成員突然有事也能立刻找到其他人協助。加上只要稍微做些功課，所有女性都能準備玄米蔬食的餐點。一開始我會買百貨公司美食街販售的熟食前往她家，直到她只攝取無農藥且無添加物的玄米蔬食餐點後才停止。

統籌K團隊的河野女士在安排煩瑣的行程時，都會確認竹村女士的意願。竹村女士直到最後都沒有放棄治療。當她聽說關西地區有專科醫師擅長處理位置刁鑽的腫瘤，便會坐著輪椅搭乘新幹線前往關西地區。K團隊的人脈裡，也有人住在關西地區。此時「關西版K團隊」因應而生，不僅協助她看診，還會準備餐點送至醫院。

臨終的方式

有一天，我透過ML收到竹村女士本人的訊息。她的心情以iPhone寄出。

「各位提供協助的K團隊成員

大家好，我是竹村。好久不見了……吧。

這段時間，感謝大家為我付出體貼、時間與勞力。

我的謝意無法以文字表達。（省略）

各位！我在治療期間「頓悟」了！當時我正要接受抗癌藥物治療，就在那一瞬間，有個念頭閃過我的腦海，使我發現了未來我進行研究時的方向。那是自己罹患疾病而徘徊在生死邊緣時切身感受到的恐怖感覺。包括生與死的力學、面對生與死的醫學，以及事涉的社會與個人。當我重讀我至今的所聞、所想，尤其是德希達、拉岡（Jacques-Marie-Émile

Lacan）、德勒茲（Gilles Deleuze）等現代思想家，與佛洛伊德、馬克思等。我覺得在全球化的時代，我甚至能飛躍，談論超越過去的「現在」。

在進行第二次抗癌藥物治療時，我突然認為：『捨我其誰。只有我在死亡的崖邊體驗並徹底思考生命最大的可能，而且能以日文、英文撰寫論文。』當我告訴自己：『我一定要活下來。我一定要再活十年，建立全新的學說。』我覺得自己的身體變得好溫暖。我想我一定重生了，並持續進化著。

請大家相信我。無論發生什麼事，我都會朝著這個目標，好好地活下去。（省略）

這是我現在的心情。

我想讀！我想寫！

真的非常感謝大家。我一定會康復、報恩（？？）的～敬請期待哦。」

我之所以引用這麼長的篇幅，是因為我無法忘懷自己的期待與不甘心。若竹村女士還在世上，會帶領我們看見多少未知的風景？為何病魔要奪走她，讓她壯志未酬？

竹村女士發病後約半年，時節進入深秋。眾人得知即使做了一切努力，她的情況也不會好轉。有一天，她與K團隊在東京都內一間庭園飯店的餐廳一角聚會。幾乎所有成員都參加了。有人至今都是以ML聯絡，那次才見到彼此。有人自廣島、大阪、京都等地赴會。甚至有人特地從國外返回日本，一下飛機便直奔會場。K團隊補助遠道而來的成員交通費與住宿費，十分周到。

眾人到齊後，病容憔悴的竹村女士坐著輪椅現身。她脫下帽子，展示她因抗癌藥物治療而失去髮絲的光頭。最後告別時，眾人唱了她最喜歡的歌。赴會的成員當時便預測，那應該是她最後一次能稍微有些精神的與眾人聚會。現在回想起來，若當時彼此不道別、道謝可能會來不及……畢竟那一天的半夜，她就因大量出血而緊急住院了。

之前竹村女士就說過自己的心願——若是無法痊癒，希望可以在她最喜歡的八岳山麓度過餘生。她在長野縣原村有一棟別墅，十分期待自己能搬去。她屬於什麼都自己來的DIY（Do It Yourself）派，自己整理花園、砍柴、在暖爐生火，甚至自己烹飪懷石料理。另一方面，她又具備高度資訊與通訊技術，是理科很強的超級女強人。她的能力每每使我驚訝不已。

所幸，當地有一間為人所知的居家醫療——諏訪中央醫院，且附設安寧療護病房。我見過名譽院長鎌田實醫師，因此由我出面接洽。透過電話就能感受到諏訪中央醫院的區域醫療合作室的負責人十分親切也很有經驗。

竹村女士入住安寧療護病房的最後一個月，身體越來越衰弱。有一天她說：「請讓我就這樣睡下去。」醫院增加鎮定劑用量，使她陷入意識不清的狀態。此時K團隊的領導者河野女士疲倦極了，因此請時間允許的成員從東京前往當地，入住飯店後與她輪流陪伴竹村女士。病房裡，竹村女士都在熟睡，令人擔心的反而是河野女士。竹村女士失去意識約兩週，於十二月十三日臨終。葬禮辦得很低調，只有邀請至交參加。這是竹村女士本人的想法。

在靜謐到連腳步聲都要壓抑的安寧療護病房，醫師與護理師做好了萬全的準備，有時候鎌田醫師也會前來探望。大家觀察竹村女士的病房，都會嚇一跳吧。畢竟出出入入的熟年女性都不是她的家人。

現在回想起來，若竹村女士希望，一定能在家臨終吧。諏訪中央醫院是居家醫療的先鋒之一，不僅附設到宅護理站，醫師也能前往家中看診。不過她選擇了在安寧療護病房臨終（我覺得這個選擇也很明智）。或許是考慮到陪伴者的心情，入住安寧療護病房，河野女士等人也比較安心。

鎌田醫師告訴我曾有其他獨居女性自己組織、指揮照護團隊，直到臨終。「只要有心，獨居老人也可以在家臨終呢。」我聞言越來越有信心了。

「K團隊」的條件

K團隊是很稀有的事例，由一群毫無血緣關係的人們所組成，扶持獨居老人臨終的團隊。

K團隊之所以成功有數個原因，而其特徵為何？

第一，竹村女士「擁有廣大的人脈」。她擁有向日葵般的性格，總是樂觀而積極。她能感染身邊的人，使大家忍不住想要為她做些什麼。此外她擁有始終不忘感謝與愛的謙虛。

第二，有河野女士這樣的領導者。河野女士是心理治療師，十分理解患者的心情。最重要的是她總是尊重當事人的意願，好好地扮演著司令台的角色。河野女士有足夠的精神科臨床與海外經驗，無論發生什麼情況都能沉著冷靜地判斷與執行。加上她也「擁有廣大的人脈」，不僅能動員想扶持竹村女士的人，也能動員想扶持河野女士的人。我曾提及為獨居老人送終必須有人扮演司令台的角色，就這層意義來說，竹村女士獲得如河野女士般適合的人才，真的非常幸運。這也證明了兩人長年以來培養的友情與信賴。

第三，成員幾乎都是女性。有時候我會想若團隊裡都是男性，能幫上什麼忙？竹村女士身為學者，其友人絕大多數是擁有地位與名譽的職業婦女，因此能料理一般的生活起居，也能準備玄米蔬食的餐點。女性的好處還包括擅長「燃燒自己，照亮別人」。女性喜歡照顧其他人、幫助其他人，而K團隊的成員每一位都具備女性纖細與犧牲的特質。

第四，來自四面八方的三十名成員。因為有三十名成員，即使有成員突然有事也能立刻找到其他人協助；也因為成員來自四面八方，竹村女士再次在關西地區進行手術時，當地有許多人願意幫忙。這樣的效果超乎了預期。由於成員們一直以來皆透過ML分享資訊，不需要任何說明就能立即因應。身在遠方的人還會宅配竹村女士需要的物品。

第五，K團隊的三十名成員各有所長。竹村女士過去繼承了父母的遺產，希望能成立提供研究經費培養後進的基金會。沒想到K團隊中有成員熟悉相關程序！因此她在很短的時間內成立了以她命名的「竹村和子女性主義基金會」，在她生前實現了這樁心願。不僅如此，成員們擁有不同領域的網絡。包括提供替代療法等醫療資訊、與醫療專業人士溝通等，成員們各自發揮了自己的網絡專長。

第六、活用網路。K團隊的所有成員都善於使用網路，像是透過ML接收與寄送資訊，進而累積、共享等。領導者河野女士同時也扮演著資訊交換器的角色，大幅減輕了竹村女士的負擔。若病容憔悴的竹村女士得一一回應，勢必沒多久就會精疲力盡。最近有人利用臉書、部落格等社群媒體記錄自己與病魔搏鬥的過程，我覺得那也很好。如此一來，當事人可以讓有必要知道的人掌握資訊，而不需要一一回應。

如何成為「受人擁戴的人」

竹村女士離世一段時間後，K團隊中數名成員得以齊聚一堂。

「那時候我們好努力啊。」談到這件事時，我們有了以下這段對話。

當然，K團隊是基於竹村女士的人望、河野女士的努力而實現。不僅如此，我覺得我們還是有一些私心——自己先為其他人付出，哪一天輪到自己時，其他人也會協助自己。

當我說出這個想法，一位女性表示：

「你知道她離世時幾歲嗎？」

享年五十七歲。

「你覺得五十多歲女性的朋友大多幾歲？」

五、六十歲。

「所以大家都還很健康。等我們真的需要其他人的協助，已經幾歲了呢？到時候，大家都很老了啊……」

日本女性的平均壽命為八十六．八三歲（二〇一四年）。也就是說，近七十歲的我還有約二十年。由於親近的友人陸續離世，越是長壽的人擁有的資源就越是貧瘠。既然如此，我決定了自己的下一個目標。我除了要擁有廣大的人脈，還要吸引比我小二十歲的年輕人加入。

大家是否開始覺得竹村女士很幸運？那是因為她長年與女性朋友一同培養的友情與信賴總動員，K團隊才會成立，而非一蹴可幾。怎麼死去，端看之前怎麼活著。有時間羨慕她，不如努力成為「受人擁戴的人」。畢竟人脈不會從天而降。

女性朋友們的價值

近年，「社會關係資本」（social capital）此一概念在社會學領域十分流行。「資本」是創造利益的資源。同樣的，人與人之間的連結也是一種「資本」，能成為自己的力量。當然，建立人脈時不一定是為了「對自己有好處」這樣功利的動機。只是有事發生時，人脈恰巧能助自己一臂之力；相反的，若一心想著追求利益，這樣即使建立了人脈，也不一定可以在真的需要時派上用場。是否與其他人擁有不受契約影響的連結，取決於那個人過往的所作所為。

無論古今，家人都是最強而有力的「社會關係資本」。但是現在家人的連結變得脆弱，「有家人就可以放心」的時代已經過去了，更不用說無法倚靠家人的獨居老人。未來我們都需要足以取代家人的支援網絡。

若沒有，就努力建立。

《我的女朋友們》（Femix，二〇一二年）的作者木村榮女士就說——所有人際關係都得在播種後好好澆水。木村女士也在朋友的扶持下與病魔搏鬥多年，最後於二〇一四年秋天離世。她的遺稿《與疾病同行》（Femix，二〇一四年）也於當年出版。

《與疾病同行》這本書的後記，是扶持木村女士與病魔搏鬥的朋友之一——野村康子女士寫道：

「她是一個很任性的病人。」但也表示木村女士「給了我很多」。

照顧的人向被照顧的人道謝……友情真是美好。

不受契約與利害得失影響的人際關係特別難以建立、維護。即使對方突然斷了音訊也不能抱怨，甚至可能不明所以，不知曉對方為何會避開自己。

我提倡「與其擁有龐大的財富，不如擁有廣大的人脈」，而深澤真紀女士在《不委曲自己的人際關係維護術》（光文社，二〇〇九年，後改名《「不多也不少」的生存之道》，中經文庫，二〇一二年）一書中說：「朋友是『人際關係的高級班』」。她表示寫這本書是為了呼應我的《一個人的老後》，交朋友遠比談戀愛、有家人困難。確是如此，因為朋友不像情侶、家人，是固定的角色。彼此之間沒有利害得失，還得接受對方的優缺點，建立對等的關係。在這本書中，她面對「如何區分『朋友』與『認識的人』？」提供了很實際的建議——當你覺得「對方最近一直疏遠我」、「我無法相信對方」，與其發怒：「我們明明就是朋友！」只要默默將對方從「朋友」資料夾放到「認識的人」資料夾，就不會生氣。

現在的影劇作品也開始認真刻畫女性之間的友情。像是二〇一四年《冰雪奇緣》中的姊妹之情、同年賣座的吉卜力作品《回憶中的瑪妮》中少女之間的友情。ＮＨＫ晨間連續劇《花子與安妮》中的知己之情。在日本，友情專屬於男性的時代已經不再。相反的，我很想問男性，當你們真的需要協助時，會有朋友願意幫忙嗎？

我覺得不可思議的是，許多男性長年在社會中打滾，為何到了老後會如此不善於建立人際關係呢？仔細想想，男性習慣的是服從指揮命令系統的上下關係，而面對沒有利害得失的對等關係，往往卻不知道該如何是好。

年輕社會學者平山亮先生在著作《「兒子照護」的時代迫在眉睫　從二十八件事例

看起》（上野千鶴子解說，光文社新書，二〇一四年）提出一件很可怕的事。所謂「兒子照護」的主詞是兒子。明明是「由兒子照護」的意思，但許多人看見書名會認為：「（父母）照護兒子嗎？」我很驚訝——原來在大家心中，兒子不是適切的照護者。

即使都是由兒子照護，「照護父親」與「照護母親」也有很大的差異。儘管都是家人照護，由誰照護誰幾乎取決於關係與性別。由兒子照護母親時，可以動員母親至今建立的人際關係，接受各方支援。若兒子認為各方是因為他的緣故而協助，那可就大錯特錯了。因為一旦母親臨終，即使兒子還住在家裡，人們就會像退潮般離去。大多數人是為了幫助母親而來，不是為了幫助兒子。相反的，若受照護者換成是父親時，就沒有這麼多資源。

母親的朋友就是母親的朋友，不是夫妻的朋友，也不是全家的朋友。由此可知，到了末期——應該說正是因為到了末期——就能看出每個人的生活方式與個性。

CHAPTER 12

失智症患者也能在家臨終

照護最後的「秘境」

末期照護與失智症照護，是所有照護中門檻最高的兩種。

其中，在家臨終的末期照護在這些年累積了相當多的經驗與實績。這本書的課題在於是否能實現在家臨終中最困難的——在家一個人臨終，透過前面的內容可以得知，只要滿足一定的條件就能跨越門檻。

那麼，照護最後的「秘境」呢？應該是獨居失智症高齡者的末期照護吧，而這就是這一章的課題。我在《上野千鶴子舉手發問　小笠原醫師，一個人可以在家臨終嗎？》一書中，小心翼翼地問了一個問題：「罹患失智症了也可以一直住在家裡嗎？」我之所以使用「一直」二字，表示我當時覺得失智症患者無法在家臨終。

前一陣子，我與長年採訪高齡者照護現場的紀實作家交換意見，對方似乎也覺得一旦罹患失智症就沒有其他選項，「只能選擇在安養院或醫院臨終吧」。

我不太敢面對失智症照護，總是盡量迴避。託前文提到的實踐者們之福，我逐漸確信在家末期照護是可行的，即使獨居也是。罹患癌症而可以在家臨終的機率近乎一〇〇%。不過失智症照護的門檻似手比末期照護更高。

我與身心障礙者自立生活運動的領導者中西正司先生合著《當事人主權》（岩波新書，二〇〇三年）時，最早出現的批評是：「談當事人主權也得當事人有自主決定能力吧。失智症高齡者怎麼辦？智能障礙者呢？精神障礙者呢？」中西先生是後天身心障礙者，生活必須倚靠輪椅。他能言善道、行事俐落，是障礙者中的菁英。他主張的自主管理照護（不依賴照護經理人的自主管理）並不適用於每個人。上述討論都是以當事人有自主決定能力為前提，若此前提不存在，一切就不成立了。這一點令人感到不安。

到宅護理師的先鋒宮崎和加子女士，因為在收容失智症患者的團體家屋「阿福的家」實踐失智症照護而為人所知。就連宮崎女士都曾表示，她對失智症照護缺乏信心。

宮崎女士說：「在眾多居家照護的對象中，痴呆老人的照護特別困難。在努力使更多人在家臨終並有尊嚴地離世的過程中，我們遲遲無法協助痴呆老人達成這個目標。」（宮崎和加子、日沼文江《重生的痴呆老人　團體家屋「阿福的家」的生活與實踐》，筑摩書房，二〇〇三年）。

不知道為什麼，儘管日本於二〇〇五年統一以「失智症」取代「痴呆」，但我尊敬的第一線實踐者卻仍習慣使用「痴呆」之詞。像是長尾和宏醫師與主持「阿櫻聚會所」的丸尾多重子女士合著的《奶奶！住錯安養院，你會更痴呆！》（Bookman，二〇一四年）就是故意使用「痴呆」的事例。因為他們認為痴呆是隨著年齡增長所出現的自然現象，既不需要命名，也不需要診斷。我在這裡所說的「失智症」也不包括路易氏體型失智症（DLB）、皮克氏病（PiD）等病因明確的失智症。

失智症照護就連專家都覺得棘手，難怪我總是盡量迴避。畢竟我身邊沒有失智症高齡者，也不曾照護過失智症高齡者。只要閱讀報導、文件，就能明白照護失智症高齡者的家人是多麼地身心俱疲，儘管不是我自己的經驗。

控制失智症患者的行動

即使是失智症患者，只要臥病在床而無法自由行動，就與其他照護沒什麼差異。問題是ＡＤＬ（日常生活活動）這種並未失能且未罹患其他疾病的患者——他們不僅會出現記憶障礙，還會出現語言暴力、肢體暴力等攻擊性行為，以及妄想、譫妄、遊走等症狀。這些才是對家人等身邊的人最重要的問題。

小笠原醫師在與我合著的書中，介紹了失智症獨居男性弘濟先生（假名）在家臨終的事例，「當事人希望在家臨終，並獲得鄰居等各領域人士的協助」。弘濟先生九十三歲時曾「被迫」入住團體家屋，但抗拒服藥。「他經常大吼大叫且會攻擊其他人，最終被逐出團體家屋」只能回家。

由於環境的改變不利於失智症，若是可以，最好讓失智症患者安穩地住在家裡。或許沒有與其同住的家人可能會擔心：「萬一發生火災怎麼辦？」，其實住所可以全面使用電力而不使用瓦斯。基礎設備一定有方法可以改善。有些家人也可能會擔心：「萬一跌倒怎麼辦？」，其實只要高齡者自己行動就有可能跌倒。甚至有醫師曾說，不知道為什麼，比起在安養院或在醫院跌倒，在家跌倒比較不容易骨折。

弘濟先生原本與妻子兩人「失失照護」（失智症患者照護失智症患者）過著安穩的生活，直至妻子住進醫院的照護病床，弘濟先生才開始獨居。爾後他出現遊走症狀。據說當時小笠原醫師的照護團隊與他的家人、照護員合作，「自大門外上鎖，避免他因遊走而被車輾過」。

無論是在家或在安養院，廣義來說，「上鎖」已構成剝奪行動自由的拘禁，是「虐待高齡者」的行為。不過日本「高齡者虐待防止法」許可「在不得不的情況下」這麼做。

在此先說明何謂「遊走」。若腰腿還算健康，論誰都會想出去走一走。走路是最基本的養生法。與其待在二十四小時空調運作的室內，在有溫差的室外活動比較健康。接觸四季的自然也能對失智症患者產生刺激。我造訪石垣島時曾聽當地的照護員說：「他們不是在遊走，是在散步。」周圍的人只需要溫暖地守護高齡者散步即可。

目前「因應」高行動性失智症患者的方式幾乎都是控制行動，包括束縛、上鎖等物理控制，或精神藥物等生理控制。即使是以高品質著稱的安養院，也會特別將失智症患者與其他入住者隔離，往來的門還以密碼上鎖。即使拘禁的範圍從身體擴大至空間，行動自由仍被剝奪了。

我之前讀了東田勉先生的暢銷書《失智症的「真相」》（講談社現代新書，二〇一四年）。裡頭提到失智症是過度投藥的產物，使我看了訝異不已。精神科醫師、藥廠與核可的政府結合，創造了「失智症」這個市場。目前精神科醫療改革以控制病床數量與住院天數為目標，而失智症高齡者是全新而廣大的市場。事實上，弘濟先生的情況也在減少投藥後變得穩定了。

最後朋友向我控訴——朋友的母親自從入住安養院，反應越來越遲鈍，且表情與動作越來越少。朋友希望安養院告知投藥內容卻遭受拒絕，安養院甚至表示若朋友窮追不捨就要請朋友離開。朋友擔心再這樣下去，母親會有危險，希望能將母親救出來……失智症患者前往精神科看診得留意，尤其是大量投藥的精神科。建議大家看診前先讀一讀東田先生的書。

失智症患者的共同生活

「阿福的家」不會控制也不會拘禁失智症患者。不僅如此，他們無論寒暑都會積極地帶著入住者外出。冷天禦寒、熱天防暑，只要做好萬全準備就可以外出。走累了食慾自然提升，晚上也能熟睡。就像過著一般的生活，時而購物時而出遊。配合失智症患者的腳步，陪伴在他們的身邊。

相對於收容失智症患者的「阿福的家」，後藤榮子女士的「魚目娘的學校」原本僅提供日間照護，爾後新增團體家屋。後藤女士的著作《「魚目娘的學校」收容失智症患者的故事》（書籍工房早山，二〇一一年）副標題為「失智症患者適用居家照護嗎？」團體家屋與日間照護的差異主要是——家人的參與程度。使用日間照護，家人白天就可以暫時放下照護，甚至能外出工作。如此一來，晚上照護失智症患者時也不至於失去耐性。

站在業者的角度，團體家屋與日間照護的差異則是——因應家人的方式。在後藤女士的書中，「魚目娘的媽媽」像背後靈般提供許多建議，協助後藤女士面對受照護者的家人。有一名媳婦對照護一無所知卻得負責公公的照護，因此心不甘情不願。對此，魚目娘的媽媽提醒後藤女士：「你不能生她的氣，即使她對照護一無所知，現在也只有她可以照護這位老先生」、「我們要體諒照護者」。

宮崎女士在失智症照護中也因受照護者的家人而踢到鐵板。居家照護經常出現「照護員的工作無法以協助當事人為主，卻以協助家人為主」的情況。若家人身心俱疲甚至積勞成疾，家人會決定讓高齡者入住安養院，高齡者就無法住在家裡了。

因此宮崎女士企圖使失智症患者在團體家屋過著一般的生活，而後藤女士也在日間照護外新增團體家屋。當然，（品質好的）團體家屋有許多優點。包括唯有共同生活才會出現在失智症患者之間的團體動力學、直到最後仍具備社會性與溝通能力等，都出現在宮崎女士妙筆生花的書中。

無論如何還是想在家臨終

後藤女士提及：「我在意的是許多失智症患者非常堅持住在家裡。」「尤其是男性，可以說是一〇〇％。他們會想盡一切辦法硬是賴在家裡。」「可以說駭人，也可以說可悲。」相反的，「女性會因為不希望麻煩媳婦、女兒或兒子，而覺得住在安養院比較輕鬆。」這不代表女性不想住在家裡，而是女性會自我壓抑。

若住在家裡不會造成媳婦、女兒或兒子的負擔呢？男性之所以「硬是賴在家裡」，或許是因為住所象徵著男性一輩子的「生存價值」，但不一定有人與其同住。

那麼，沒有與家人同住的獨居老人是否就能跨越門檻？

後藤女士提倡失智症患者居家照護。首先，第一個原因是當事人具備強烈意願。一如後藤女士所述，住在家裡能使當事人安心。儘管團體家屋逐漸能使當事人安心，但當事人必須離開熟悉的環境。入住團體家屋的高齡者每到傍晚就會開始騷動，希望能回家。這是理所當然的情況。高齡者之所以能接受日間照護，正是因為時間到了就能回家。儘管有些人入住久了，會視團隊家屋為「家」；而有些人罹患失智症，根本搞不清楚狀況。不過那也得先克服離開熟悉環境的不安與緊張。第二個原因是高齡者大多持有不動產，住宅很多。第三個原因則是政策方面的合理性：

「或許失智症現在是個大問題，但三、四十年後，失智症患者的數量可能會減少，若使用並開放住所的照護更好，設法使其實現不是更有益嗎？」基於「與其成立新的團體家屋，不如思考如何以較低的資金解決失智症照護問題」的結論，後藤女士開始提倡「失智症患者居家成對照護」。由於「成對」的其中一方為同住的家人，可見「失智症患者居家成對照護」是建立在家人照護的前提之上，因此不適用於罹患失智症的獨居高齡者。

罹患失智症的確不便但非不幸

罹患失智症的獨居高齡者佐藤雅彥先生撰寫了《失智症患者的心聲》（大月書店，二〇一四年）。佐藤先生出生於一九五四年，也就是說，這本書出版時他正好滿六十歲。他在五十一歲正值壯年時確診罹患失智症。事實上他從十數年前就察覺異狀至今，一直過著獨居生活。確診罹患失智症後，曾有人向他介紹團體家屋：「你不可能一個人住，搬進安養院吧。」但他一直以來都是獨居生活，之後也想這樣持續下去。因為即使不方便，一個人獨居生活還是比較快活。佐藤先生在書中舉了一些令他傷腦筋的事——

不知道何時應該用餐。
不看手機上的日期，就不知道今夕是何夕。
不記得昨天收到的文件。
不知道明天的行程。
一出門，就忘了鑰匙放在哪裡。
找不到存摺。

無法理財。
因為找不到鑰匙，只好請弟弟重新配一份備份鑰匙。
打開電腦後，忘了為何要打開電腦。
將要寄給A的電子郵件寄給B。
經常想不起某個詞彙。
找不到手機。
前往經常光顧的店（餐廳）卻會迷路。
放了洗澡水後，忘了要洗澡。
購物後，忘了將需要冷藏的物品放進冰箱。
找不到回診預約單。
忘了曾從帳戶領錢，但存摺裡有記錄。
無法保管印章與印鑑。
無法準備餐點。
經常錯漏字。
無法寫字。（部分省略，直接引用原文）

你是否符合上列任一症狀?我個人甚至符合了數項。這樣一想,就會發現論誰年齡增長都會出現或多或少的認知障礙。公益財團法人「爽朗福祉財團」會長堀田力先生為這本書寫了一段很棒的書腰文字:

「其實失智症患者和大家一樣,有不安、有希望,也有祈求繼續活下去的心情。這是我的親身經驗。了解這一點,就能勇於面對。」

當事人的發言能帶給我們巨大的安心感——啊,原來罹患失智症也不需要擔心。

依照後藤女士的說法,佐藤先生就是「非常堅持獨居的男性失智症患者」。佐藤先生拒絕入住團體家屋後,在書中寫道:「我希望獨居至最後的最後」。

獨居並不等於孤立。佐藤先生參加失智症患者的交流團體「彩星會」,不僅與夥伴在網路上交流也積極外出,甚至會去旅行。佐藤先生希望擁有「活著的實際感受」。當他挑戰將不方便的生活創造出更多的可能、與夥伴交流,他就能如願。因為獲得失智症照護專家——永田久美子女士的協助,佐藤先生得以保有社會生活。

佐藤先生表示:

「罹患失智症的確十分遺憾,但那絕對不是不幸。」

至於佐藤先生說的「最後的最後」是指何時?不僅佐藤先生,許多高齡即使需要照護者都會說:「我想住在家裡,直到最後的最後」。

若「最後的最後」是指意識不清的昏睡狀態，此時也已不再需要送至醫院了，只要安詳地躺在家裡就好。也就是說，「最後的最後」可以與臨終畫上等號吧。那麼，失智症患者的「最後的最後」是否也是如此？獨居的失智症患者呢？

支援獨居失智症患者

關於這個問題，我曾聽說過一個耐人尋味的事例。

日野愛子女士（八十六歲）住在山陰地區的出雲市，是獨居的失智症患者，沒有孩子也沒有孫子。她罹患失智症至今七年，在身邊的專業醫療人士與志工扶持下，安穩地過著獨居生活。

日野女士過去是當地小有名氣的裁縫師，知名人士的太太們都會向她訂製或請她修改洋裝。她甚至曾同時雇用三名助理，並憑藉一己之力，擁有一間附工作室的獨棟建築。她本人身材嬌小、肌膚白皙且氣質高尚，予人的感覺並不那麼「幹練」。

出雲成年人監護中心的井上明夫先生在出雲市公所從事社會福利工作，並答應擔任日野女士的監護人，建立支援網絡以扶持日野女士的居家生活。日野女士長年在熟悉的住所過著獨居生活，而井上先生希望罹患失智症的日野女士仍可一如往常般住在家裡，並視其為自己的使命。

許多有經驗的人表示——成年的監護人除了法律手續、資產管理，往往得負責當事人的許多生活細節。即使有醫療、照護等資源，也得一一為當事人做決定。做決定也是一種「勞動」。即使毋需親自照護，做決定的責任重大，也會造成相當大的負擔。若有複數選項，必須謹慎觀察、討論、統籌資源後再予以指示。以往做決定的工作會由家人負責，但獨居老人沒有家人，因此必須另外找人負責（前一章稱之為「司令台」）。

日野女士行動自如，經常拿起包包便獨自外出。她其實也經常發生因忘記路而回不了家的情形。井上先生沒有以上鎖等方法「拘禁」日野女士，而是親自建立守護網絡——以出入日野女士家的照護經理人、照護員為主，再加上鄰居、商店、警察局甚至計程車公司等。事先告知「若在路上看見這名女性，請與我聯絡」、「若這名女性購物或搭車，款項請向我索取」……日野女士最遠曾前往距離住所二十公里的日御碕燈塔。當時聯絡井上先生的是一位巡警，他曾在日野女士家附近的派出所值勤，知道日野女士的事：「她是搭計程車過來的……」

此外，井上先生在日野女士的包包裡裝了GPS追蹤器、在大門裝了當地保全公司所提供的感應器，倚靠它們守護、尋找日野女士。日野女士一旦夜間外出就會啟動感應器，而保全會立即搜索。一個月通常會發生兩次這種情況。過去次數頻繁時，保全公司曾反應吃不消，但高峰期已過漸漸平穩。加上最近日野女士腰腿乏力，不再頻繁外出了。

或許是擔心自己的老後生活，日野女士過去一心工作，累積了數千萬日圓的儲蓄。屬於自營業的她，除了加入國民年金保險，還另外購買了個人年金保險。她的生活費即以上述兩項年金支應，罹患失智症後這七年來的花費，使她的儲蓄額少了近一千三百萬日圓。平均每年需要花費近兩百萬日圓。只要能負擔這樣的金額，日野女士就可以一直住在家裡，毋需入住任何形式的安養院。假設入住團體家屋或高住，費用應該與這個數字也差不了多少吧。

沒有孩子的日野女士因感到不安而省吃儉用，累積了這麼一筆儲蓄。因此監護人井上先生判斷若要使用，當然就是現在。話雖如此，儲蓄金額這麼高的獨居老人實屬少見，而這是為她量身打造的系統。事實上若妥善規劃，應該能建立以社群為基礎的共同守護網絡。如此一來，成本就可以壓低。於公家機關服務的井上先生一定也這麼想——若此系統順利運作，就能更普遍地運用。

照護員、照護經理人會時常出入日野女士的住所。我造訪時，到宅設計師正在為她修剪頭髮。重視造型與整潔的她看著鏡子裡的自己，感覺十分開心。也包括那天圍繞在她身邊的四名女性離婚者，恰巧連同我也都是獨居老人。她的生活使我彷彿看見自己的未來，因此我非常關心。即使她的ADL(日常生活活動)逐漸失能甚至臥病在床，但我想她應該還是能繼續安穩地住在家裡吧。畢竟臥病在床反而容易照護——這是照護的常識。

日野女士的主治醫師是以提供重度失智症患者日間照護服務而為人所知的「小山的家」代表，出雲希望診所(Espoir Izumo Clinic)院長——高橋幸男。高橋醫師是精神科醫師卻總是盡可能不投藥，是很有良心的醫師。精神科醫師有好壞之分，投藥程度也是……使用者必須能分辨其差異。他在著作《失智症不可怕　以正確的知識與理解進行照護》(NHK出版，二〇一四年)中坦承他曾經對「遊走」的患者「增加投藥，使患者的腰腿乏力而行動不便」再要求家人：「請把患者接回家。」他同時反省：「我當時以為那(以藥物控制行動，引用者註)是最妥善的醫療方式，真的做了對不起患者的事。」

高橋醫師說了一件有趣的事——患者之所以出現使周圍的人困擾的行動，一定都是有原因的。包括自尊心受傷、遭對方否定、遭對方輕蔑等，因憤怒、反抗而出現惡語、暴力、妄想等現象。此時家人往往會叱責、怪罪患者，導致患者在家反而無法放鬆。醫療專業人士在診斷過程中會不斷鼓勵患者，其實鼓勵等於否定，認為患者不能維持現狀。因此患者難免會感覺「被罵」。

認知障礙而非情感障礙的失智症患者會對其他人的反應很敏感。根據高橋醫師的經驗，比起與家人同住的患者，獨居的患者通常病情比較安穩。

對於「往後過著獨居生活的失智症患者日漸增加」一事，高橋醫師表示：

「獨居高齡者……與有家人的情況不同，就機關來說（高橋醫師特別以「機關」稱呼使患者出現相關症狀的因果循環，引用者註），獨居高齡者每一天因遭受指責（被罵）而累積的壓力明顯少了許多。因此獨居的患者比起與家人同住的患者，較不易出現BPSD（行為與心理症狀）。不僅如此，即使出現，程度可能也較為輕微。根據我自己的臨床感覺，獨居患者的BPSD較輕微。不僅少見激動、暴力的情況，拒絕照護、堅持『我要回家』、誤認人物、以為遭受偷竊、嫉妒等妄想情況也不多。」

這是臨床經驗豐富的高橋醫師的經驗談。由於目前獨居患者很少，要比較BPSD是否會因有無與家人同住而出現差異十分困難。或許未來會有人實施疫學調查，有憑據地提供比較數據。以往失智症照護的條件是與家人同住，但或許其實照護沒有與家人同住的失智症患者比較容易。了解這一點，獨居患者也會由衷鬆一口氣吧。

因此高橋醫師為獨居的失智症患者總結：「透過與各方人士交流，BPSD較不易出現、程度也較輕微。只要有許多人扶持，就可以過著超越想像的精采生活。」

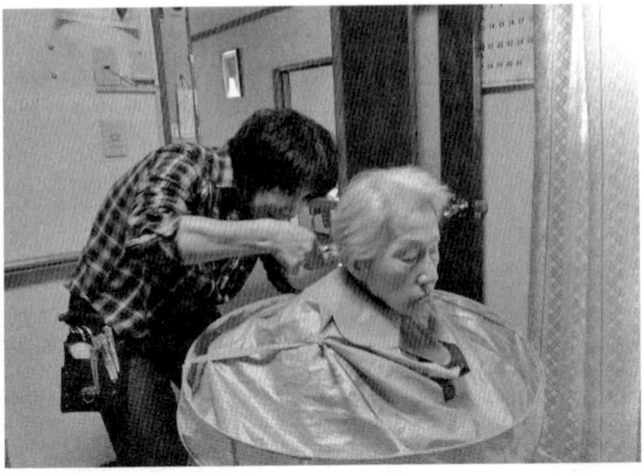

日野愛子女士在剪髮

我的友人中塚圭子女士是一位語言聽覺師，曾參與高層次腦功能障礙同儕支援（當事人的自助團體）並與我分享她的發現。她的發現與高橋醫師的經驗十分類似。中塚女士表示同儕支援使患者恢復溝通的程度，遠高於家人、協助復健的專業醫療人員能力所及。曾有一位重度高層次腦功能障礙的男性，只會重複相同動作也無法說話。透過同儕支援，他的情況出現劇戲性的改變。他不僅變得能與身邊的人溝通，也能表達自己的意見。中塚女士表示那是因為同儕與家人、醫療專業人士不同，不會評斷患者。家人知道患者罹患失智症前的情況，因此會惱怒、哀傷：「你為何做不到？」醫療專業人士則是會鼓勵患者達到既定目標。即使從情感與善意出發，兩者仍是在否定患者有障礙的現狀。若身邊的人每天都在否定自己，論誰都會萬念俱灰，甚至怒由心生。

或許照護是「不適合由家人負責的工作」。正因為是第三者，才能接受患者現在的模樣。

後藤女士也曾表示：

「家人會傷害因失智症而徹底改變的父親或母親。若是其他人，會因患者生病了而想盡辦法去配合患者的腳步。往往家人卻無法做到，變得容易生氣、叱責患者，進而陷入惡性循環。接受疾病並改變至今的關係，不是這麼容易的事。陪伴患者時也必須適當鼓勵患者、促使患者行動，偶爾還得演戲、編織善意的謊言。家人會對這些事心生抗拒。」

我在照護癌症末期的父親時，也會想起頑固、易怒的他還很健康的模樣，進而被憤怒的情緒綁架。若我認識對方時，對方已是病情無法好轉的患者，我應該只會懷抱惻隱之心吧……我好幾次都這麼想著。

當然，失智症也有許多類型。若是真的無法住在家裡，安養院或共同生活有時候也是必要的選擇。

即使如此，一想到獨居的失智症患者也能選擇在家臨終，我就很安心。

CHAPTER 13

委託誰做決定？

為死亡做準備

有照護資源、有到宅護理師，也有願意前來看診的醫師。

或許每個地區的情況不同，但量絕對不足。

不過只要有心，可以調度的醫療、護理與照護資源就會持續累積。若覺得不安，不妨毅然決然搬去有這些資源的地區。接著準備一些存款，而且存款的金額也不是天文數字。

這些是為死亡所做的準備。

話雖如此，死亡不是一個人的事。體力、氣力衰弱時、無法自己行動時、陷入意識不清的昏睡狀態時、死後的整理工作……都必須倚靠其他人。因此我發現儘管有資源，做決定的關鍵人物還是很重要。在這我稱之為「司令台」。以往都是由家人扮演司令台的角色，甚至可以說家人總是企圖為當事人做決定。

那麼沒有家人的獨居老人該怎麼辦？

我在調查過程中發現家人有所謂的利害得失，因此會抗拒甚至阻礙當事人的意願。將「為你好」掛在嘴邊的家人是否真的為當事人著想，其實很可疑。像是當事人想住在家裡，但家人希望當事人入住安養院；當事人想變賣不動產支應照護費用，但家人想繼承不動產……兩者便是對立的。因此第一線的照護經理人經常陷入兩難，無法決定應該要優先考量「使用者」哪一方的意願。

既然如此，我不禁想——沒有家人還比較好處理。當我詢問「在家一個人臨終」的條件為何？一位醫療專業人士給了明快的答案：「最重要的應該是身邊沒有絆腳石吧。」

也就是說，親朋好友眾多、利害得失交錯等人多嘴雜的情況下，大家很難達成共識。那麼將死之人的微弱呻吟，又怎麼會有人聽見呢？

代做決定者

必須由其他人代做決定時，你可以交給誰呢？

在安養院工作的照護顧問高口光子女士認為高齡者無法「自主決定」。更有甚者，高齡者還會將問題推給其他人：「你們決定該怎麼辦吧。」一想到高齡者將決定權交給安養院就覺得很恐怖。高口女士服務的安養院目前收容的高齡者是連入住都由家人決定而無法有主見的世代，且絕大多數是女性。下一代——就是我們這一代——或許不再對孩子言聽計從，但身心衰弱時可能會覺得一直做決定很麻煩，甚至光是聽到其他人問：「上野女士，您打算怎麼做？」就感覺鬱悶。此時端看是否有人願意為我做「最好的決定」。有家人的人，代做決定者自然是家人；沒有家人的人，則沒有這個選項。

第十一章所介紹的竹村女士有著「K團隊」如此強大的人才集團，與足以擔任司令台的摯友。儘管「K團隊」發揮了代替家人的功能，但司令台的作用又不僅止於家人。畢竟當事人無法選擇家人，而司令台往往是當事人信賴的選擇。

若當事人不是「擁有廣大的人脈」呢？

照護有照護經理人，但小笠原醫師表示送終時不能只有照護經理人。因此小笠原醫師計畫培育善終管理師（THP，Total Health Planner）——具備管理能力且能連結醫療與照護的到宅護理師，並由小笠原醫師擔任會長的日本居家安寧療護協會認證。目前已有三十三名取得善終管理師的資格。照護經理人可以領取製作與管理照護計畫的費用，但目前善終管理師還沒有對應的報酬。儘管取得資格後必須承擔重大責任，善終管理師是否能獲得等比的報酬，取決於以到宅護理師之名雇用善終管理師的業者。即使如此，小笠原醫師還是認為善終管理師有其必要，原因是醫療專業人士認為照護經理人無法發揮如善終管理師的功能。儘管有些照護經理人是原本從事醫療或照護的相關工作，但醫療專業人士不太信賴後者。事實上照護經理人的素質的確參差不齊。此外，年資也會影響醫療與照護之間的關係。我認為更應該設法提升照護經理人的素質。

話雖如此，照護經理人、到宅護理師的任務是守護高齡者的健康與生命，原則上不會干涉資產管理。以往訓練時皆要求照護員不得應允管理受照護者的存摺或資產。因為照護員距離受照護者最近，若受照護者出現以為遭受偷竊的妄想，照護員很容易就被視作犯人。儘管可以接受什麼樣的照護端看受照護者的口袋深度，但最重要的資產管理，卻不能交給醫療、護理與照護專業人士。

送終師柴田久美子女士表示送終師就像送終時的司令台，但絕對不會干涉金錢問題。有些醫師、護理師會視使用者的經濟能力而介入，可能是受當事人請求、甚至是基於親切。無論如何都構成沒有第三者管理的越權行為，往往是不得不而無酬為之。

決定接受哪些醫療行為也是關鍵之一。在身體緩慢衰弱的過程中，要不要裝呼吸器、裝胃造口……預想可能會發生的情況，事前留下指示或告知醫療者或照護者即可。此外，住院或接受手術時仍需要填寫聯絡人與保證人。

或許有人會不安：「萬一發生什麼事，獨居老人不能住院或接受手術嗎？」可以的。醫院不得拒絕為患者施以必要的醫療行為，即使沒有聯絡人還是可以住院或接受手術。曾經有個例子是這樣的——有位獨居高齡者因需要進行緊急手術而住院。當院方表示：「請聯絡您的家人」，他堅決拒絕：「我沒有家人」、「就算有，我也不會聯絡他們」。即使有家人，若患者堅持不聯絡，院方也只能接受。

委託他人的力量

人們總有一天必須委託其他人，無論那一天來得早或晚，而委託其他人的時間長或短……抗拒也只是徒勞。與其期待可遇而不可求的「死前無病無痛」，不如預期會有這種情況而事前做好準備。

位於武藏野市的「蒲公英護理站」支援在家一個人臨終，而那裡的到宅護理師丹內真由美女士認為在家臨終的條件除了「當事人的強烈意願」，「當事人放過自己」也很重要。我起初不太明白那是什麼意思，原來是指當事人必須有委託其他人的能力，放心地將自己交給其他人。是否具備此能力，決定了照護時的難易度。原來如此，我對第一線的觀察感到敬佩。與其追求「自立」，像是任何事都希望依照自己的意思去做、不想受其他人照顧等，「接受自己無能為力並放心地將自己交給其他人」也是一種能力。丹內女士稱之為「放過自己」，讓自己擺脫過去對於生存方式的堅持與藩籬。臨終時，任何人都無能為力，而「放過自己」是接受這件事的智慧。

「當事人放過自己」並非與「當事人的強烈意願」對立。將行動不便的身體交給其他人——身心障礙者長年接受這樣的訓練，並累積一定的經驗。至於交給其他人的程度，包括哪些事交給其他人、哪些事由當事人自己來，則經雙方討論後由當事人自己決定。畢竟照護是一種互動行為。相對的，高齡者缺乏這樣的訓練與經驗。高齡者必須思考——何時、何地、如何將行動不便的自己交給誰。獨居老人更得決定由誰來扮演以往理所當然由家人承擔的角色，並做好準備。

成年人的監護制度

依法為失去判斷能力的成年人代做決定者，即為成年人的監護人。監護人必須代當事人管理重要的資產與決定。

成年人的監護制度分為兩種，一為自定監護人、二為法定監護人。前者是在當事人意識清楚時指定的監護人、後者則是在醫師判定當事人無判斷能力時由法院指定的監護人。擔任監護人的通常是親朋好友，或律師、書記官等專業人士。因為律師、書記官在社會上有一定的信譽。事實上，監護人不需要什麼執照。目前由於數量不足，有些地方會培訓所謂的「市民監護人」但未普及。推測原因應該是一般人不會願意將重要的資產與決定交給陌生人。

說實話，我不太認同成年人的監護制度。第一個原因是只有一個人的風險太大了、第二個原因是我認為應避免指定家人或親戚等有利害得失的當事人，第三個原因則是善意第三人有可能會變成惡意第三人。事實上新聞就經常報導成年人的監護人盜領當事人的資產。儘管可以指定監護人進行監督，但這同時表示監護人是問題很多而需要被監督的工作。

法院判定當事人無判斷能力後，自定監護人才會生效。在那之前，當事人還有判斷能力時，可以依據事務委任契約限定代為管理資產的對象，但當事人必須自行監督。

代當事人管理重要的資產與決定，表示當事人將自己的金錢與生命都交給了監護人。此時最重要的是信用。既然如此，指定法人會比指定個人好。最近指定社會福祉協議會、福祉公社為監護人的情況越來越多。根據武藏野市福祉公社的首頁，目前指定家人或親戚為監護人的比例已不滿五成。指定地方政府相關法人為監護人的好處是「第三人機關能在接受監督的情況下，公平、透明並中立地履行事務」。此外法人的特徵還有「可以長期並持續執行監護業務」，因為法人「與自然人不同，不會罹患疾病也不會發生意外」。最重要的是，法人有公家機關做為後盾，而且隨時可自外部監視。

話雖如此，成年人的監護制度只適用於臨終前。受監護人臨終後，雙方的契約關係便告一段落。因此監護人不會處理死後的整理工作，包括納骨、遺物與遺言等。儘管目前有許多機制，但每一種都捉襟見肘。究竟該怎麼辦才好？

終生管理

儘管有句話說：「出生時一個人，死去時也是一個人。」但出生時不會只有一個人，死去時也不會只有一個人。出生時除了母親，還得借助助產士、醫師的力量；死去時也無法處理自己的遺體。既然世上有助產士，應該也可以有「助死士」吧。難道不能建立一種「依照當事人意願，代為處理生命、健康、安全、生活、財產、家人、葬禮、遺言、遺體等相關事宜」的機制嗎？那不是個人或法人的問題，只要有親朋好友加上客製化的專業團隊即可。若模組化，或許一如二一八頁的圖說所示。

除了親朋好友，還有照護領域的照護經理人、社會福祉師、照護員、主治醫師與到宅

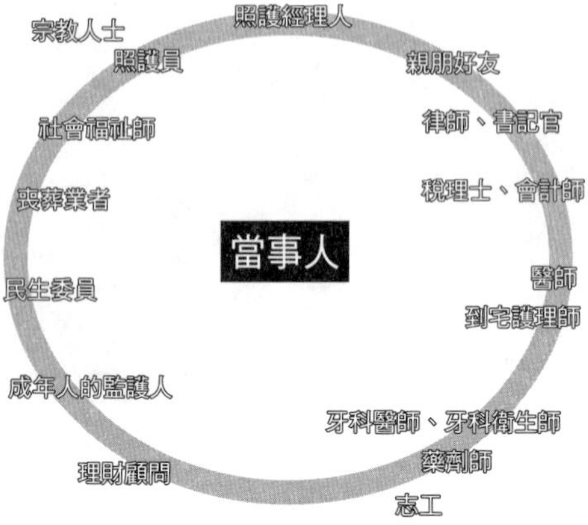

終生管理

護理師，口腔保健也很重要，所以還要有牙科醫師、牙科衛生師。藥劑師也不可或缺。接著包括監護人、律師、書記官、稅理士、會計師、理財顧問、當地的民生委員、志工等都可以加入。若希望靈魂獲得救贖，則可選擇牧師、僧侶等宗教人士。喪葬業者也有其必要性——這個團隊的組成必須思考我的「最大利益」並扶持我走過末期與死亡。若其中有人扮演司令台的角色，該有多安心啊。

這種團隊的重點有二——「共享當事人的資訊」與「互相監視」。這與全權交給監護人不同，保有資訊的公開性與決策的透明性。監護人也可以加入這個團隊。前一章介紹了日野愛子女士的事例。當井上明夫先生擔任她的監護人，如上述團隊的網絡就基於兩人的人脈自然形成。不過不是所有當事人與監護人都有人脈。尤其是由律師、書記官擔任監護人時，或許資產與法律方面無虞，但其他問題往往會被擱置。

我以「終生管理」（Total Life Management）稱呼這種客製化的團隊照護。起初我原本想使用「死亡管理」（Total Death Management），但似乎太過了，所以我稍微調整了一下。其他人也有類似的想法，並稱其為「老化管理」（Aging Management）。

我希望這種團隊照護都能以當事人為主。身心障礙者自立生活運動的國際標語為「我們的事，得由我們參與。」（Nothing about us, without us.）事實上，所有高齡者的身體甚至精神、知能或多或少都有一些障礙。就某種意義來說，高齡者就是中途障礙者。假設我是當事人。即使我有認知障礙，只要不是情感障礙，就會知道團隊中誰真正為我著想，企圖維護我的「最大利益」。希望團隊在我也參與其中的情況下集思廣益，並告訴我：「上野女士，經過我們再三考量，這麼做是最好的。你覺得如何？」即使我不知道究竟好不好，最後還是由我決定：「嗯、嗯，就這樣吧，拜託你們了。」與中西正司先生合著《當事人主權》的作者——我強烈希望大家這麼做。

失去自我決定能力時……有人脈的人可以倚靠其他人，沒有人脈的人就得倚靠機制。建立機制的好處在於——沒有特殊的能力與資源也能運作。醫師與到宅護理師不需要擁有非凡的能力、照護經理人與照護員不需要背負超越職務的使命感。也就是說，平均水準的人才發揮平均水準的能力就足以滿足機制。花費數十年建立的機制，即使一開始的領導者不在、負責人不同，機制仍可以運作。既然這樣的機制非一朝一夕就能建立，而且所費不貲。我們又能期待誰建立這樣的機制呢？

協助「啟程」

若無法一個人臨終，勢必需要第三者協助「啟程」，而且那可以是法人而非個人。為滿足需求，有些非營利組織開始提供這樣的服務，像是以長野為據點的非營利組織「生命設計中心」。這個團體似乎很喜歡「啟程」一詞，他們發行的《啟程規劃》、《啟程設計筆記》（通稱「臨終待辦事項」）熱銷多年。此外，還有位於東京的非營利組織「日本生前契約等結帳機構暨居家支援服務系統」、「終生管理」等。一般社團法人「銀髮族生活管理協會」致力於培育老化管理人才，並舉行證照考試。

這些團體原本是喪葬業、墓園、寺院等，所謂「生前契約」即是於當事人生前訂定死後的契約，是為臨終做的準備。在日本，若談到為臨終做的準備，往往會著眼於死後的事。不過臨終前，也就是還活著時的整個過程都極為重要。

現在的地方政府不會接手這些麻煩的問題，頂多是由負責員工或民生委員「無酬」為無依無靠而以生活津貼維生的人處理後事。這使民間團體得以派上用場，畢竟將生命與金錢交給其他人時，最重要的是信用。上述團體目前還處於正在成長且累積實績的階段，很難說：「交給這個團體絕對可以放心。」畢竟這就像是在填補制度的空缺，因此缺乏由公家機關監督與管理的系統。各團體的成本也天差地別。

非營利組織「生命設計中心」的據點位於長野縣松本市與長野市。創設者之一的高橋卓志先生是松本市郊外淺間溫泉神宮寺的住持——這位十分特別的僧侶將神宮寺本堂做為活動場地，並於當地成立照護事業。非營利組織長年於當地活動，才能建立以此為基礎的強大信用。根據研究非營利組織的先鋒田中尚輝先生的說法，這是「無法連夜潛逃」團體的優勢。

生命設計中心成立至今已逾十四年，並受任了一二三件委任契約。從擔任高齡者指定監護人開始，生命設計中心累積了一定的社會信用，因此擔任法定監護人的件數越來越多。生命設計中心也曾擔任指定監護人的監督人。近年，生命設計中心擔任法定監護人的次數大幅增加。二〇一四年，他們受任五三件委任契約，其中三六件為法定監護人，約占七成。生命設計中心以生前契約的形式請當事人決定遺言、繼承、年金、保險、高齡時的住所、照護保險、安寧療護末期照護、尊嚴死、遺體捐贈、墓園、死後相關手續等細節。遺言執行人同時也是當事人入住安養院時的聯絡人。簽約金依照當事人的財產與契約內容而定，可能是五至十萬日圓。此外，擔保金五十萬日圓、月付金則五千至三萬日圓不等。生命設計中心每個月定期巡視一至二次，且每次服務收取一小時一千日圓外加交通費（若需要執照時則費用另計）。兩名正職員工會與當事人參觀墓園、協助當事人入住安養院等。除了正職員工，各處工作人員也參與其中。生命設計中心的正職員工每個月的薪資約二萬日圓、非正職員工則每小時領取八百五十日圓，兩者的薪資都接近志工。生命設計中心目前有兩名正職員工、三名非正職員工。以受任五三件計算，等於每人要負擔七．八名當事人。我問了專職員工之一久島和子女士：「這樣收費合乎成本嗎？」答案是經常出現赤字，多虧有時會收到使用者的遺贈，才總算撐到現在。

根據ＮＨＫ的報導，非營利組織「居家支援服務系統」的生前契約費用為每件一百萬日圓。聽起來或許門檻不低，但一想到「此生儲蓄不用在此時，更待何時？」又覺得合理。

非營利組織「終生管理」創立者為禮儀師三國浩晃先生。終生管理提供的生前契約一如其名，是指「支援整個人生」。簽約金五十萬日圓、「死後事務委任執行費用」五十萬日圓，由非營利組織擔任遺言執行人，處理遺產與保險等相關事宜。每個月定期巡視一次的管理費為一萬日圓；若由非營利組織擔任監護人，管理費則自三萬日圓起跳。若除了定期巡視外想要再增加時間，則每次巡視收取三千五百日圓、陪同前往醫院半天收取一萬日圓等，每項服務皆有定價。我看了各使用者的活動記錄，感覺工作人員協助使用者處理許多瑣碎的事。他們還處於累積事例以獲得信用的階段。

禮儀師並非喪葬業者，而是在使用者與喪葬業者之間協助雙方溝通的專業人士。任何人面對葬禮都是初學者。遺眷尚未走出失去家人的傷痛，就得面對喪葬業者，確認所有細節與價格——禮儀師就是介入其中，協調遺眷的意願與喪葬業者的作業。近年越來越多獨居老人生前會與三國先生商量，希望禮儀師在獨居老人尚未臨終時就提供協助。每個人想的都一樣。既然在超高齡社會，死亡可以預期，那麼人們自然會想請禮儀師協助，於生前做好準備。市場上已有這樣的需求。

死亡的費用

若有終生管理的服務就好了……同時我也想著，價格該如何計算才算合理？成年人的監護人每個月的費用為二至三萬日圓，那麼「支援整個人生」、「終生設計」等每個月的費用定在三萬日圓左右似乎很合理。

假設業者每個月向每名使用者收取三萬日圓，而每名工作人員負責二十件，則每個月每名工作人員就有六十萬日圓收益。或許規模越大對業者越有利。由於照護經理人每個月最多負責四十件（超越四十件則費用遞減），因此包括末期的相關支援，每名禮儀師每個月負責二十件很合理。假設每個月工作二十天，則每天可以造訪一名使用者。提供其他服務則需另計費用。即使扣除各項成本，其待遇也比照護經理人好。事實上這些服務可以由照護經理人提供，但必須提升照護經理人的薪資。

獨居老人想安心臨終得準備一筆「死亡的費用」。不可能完全不花錢，但也不會是不合理的數字。未來我們要思考的是，這筆「死亡的費用」由誰負擔，而負擔的形式又是如何。

CHAPTER 14

距離較遠的家人該如何是好？

取決於家人的死亡方式

透過思考在家一個人臨終的事，我深刻地感覺到死亡方式與家人有關。

當我問：「在家一個人臨終的條件為何？」曾獲得「沒有家人反對」、「沒有人多嘴雜的情況」等答案。

既然如此，在家一個人臨終反而簡單。不久之前，「與家人同住」還是在家臨終的條件；沒想到現在「沒有與家人同住」反而可能成為在家臨終的條件。使人忍不住感慨——世界的變化真是迅速啊。

與家人同住將無法住在家裡，不與家人同住還是無法住在家裡……高齡者被送至醫院或安養院，幾乎都是家人的意願。面對照護保險遭遇困難的案例，曾有照護經理人感慨：「乾脆分家算了，這樣還比較好處理……」

每次我這麼說，立刻就有人譴責：「獨居老人上野千鶴子破壞家庭傳統。」不不不怎麼會，獨居老人增加不是我的錯。同樣的，若家庭會被破壞，早就被破壞了，也不是我的錯。我的影響力沒有那麼大。包括家庭失能，只要有人將不好聽的事實說出口，不願意承認的人就有可能反將責任推給對方。

研究照護的過程中，經常會思考家人的意義。換句話說，日本社會認為：「老後就是靠家人」。因此日本社會不僅不願意正視家庭已然不同，制度與觀念也跟不上現實的變化。因「家人拜託」而勉強接受入住安養院的高齡者、不讓父母使用照護保險而連買便當都只想到自己的寄生蟲兒子、因父母罹患失智症而寸步不離只好辭去工作與父母同住的兒子夫妻、為照護公婆而獨自搬至婆家的長男媳婦……看遍種種事例就會忍不住想：「父母要為孩子犧牲到什麼程度，孩子又要為父母犧牲到什麼程度？」同時也在想：「沒想到親子之間的愛在自私面前如此脆弱。」

照護保險是「不孝保險」？

以往照護可以倚賴家人——專家們都認為這是「家人照護神話」，只能當做神話看待。神話是由毫無根據的信念集結而成。過去不只高齡者不如現在多，而且需要照護期間比較短、照護水準比較低、家人人數比較多，因此可以分散風險。演變至今身邊的人也不是越多越好，畢竟「水能載舟，亦能覆舟」，身邊的人或許是助力，也或許是阻力。

關於在家一個人臨終，第一線的專業人士都認為越少人介入越可能實現。也就是說，沒有人多嘴雜的情況才能使當事人的意願受到重視。還好我是獨居老人……我好幾次都這麼想著。

照護保險剛成立時，甚至被稱為「不孝保險」日本的照護保險不是高齡者為了安享老後而要求政府成立，而是由選民——可能需要照護家人的世代——推動，目的是「多少減輕家人的負擔」。就某種意義來說，照護保險的動機可以說與「姥捨」[16]相同。觀察社會福利完善先進國家的高齡者福利歷史，就會發現各國皆是如此。「姥捨」在社會上很容易獲得多數選民的支持。

照護保險的目的在於減輕家人照護的負擔。因此照護保險成立後，高齡者不需要依賴家人也能生活。同時，即使期待由家人照護，家人願意承擔的程度也已大幅降低。一旦人們習慣分家，高齡者也會發現不與家人同住比較輕鬆。現在已經沒有人會問高齡者夫妻：「你們明明有孩子，為什麼不住在一起呢？」之前若高齡者喪偶，還有人會問：「為什麼不住在一起呢？」現在也越來越少人會這麼問了。對於時代變化之迅速，就連我都驚訝不已。

「兼職的家人」可以做的事

即使需要照護，只要高齡者能安心獨居，不僅不是破壞家庭傳統，反而是守護家庭關係。父母安心，孩子便安心。使父母能安心獨居，也是一種孝順的方式。

每次有年輕人與我商量：「我的父親病倒了，我想將他接來與我同住。」、「我是不是一定要回老家照護母親？」我都會建議他們：「我勸你不要。」照護需要決策的司令台，但不需要所有人都介入。」若必須住在附近，我也建議分居。家裡若有需要照護的高齡者，就是一天二十四小時、一年三六五天都不能休息的照護職場。家人難免會有想休息的時候，為避免家人身心俱疲，目前已有所謂的喘息服務、短期照護。一般人會想，這麼做是不是為了與其讓不習慣環境變化的高齡者離開，不如讓負責照護的年輕人離開。事實上旅行不是日常生活的一部份，因此就算能轉換心情，也無法真正放鬆。因為家，才是世界上唯一能讓我們打從心底放鬆的場所——這一點對任何人來說都很重要。因此我才會建議分居。

---

16 日本的窮鄉僻壤有「姥捨」的習俗——為節省糧食而將老人拋棄在山中，讓老人自生自滅。

人是懂得逃避的生物，只要沒有看見就能暫時忘記。照護，是永無止盡的重擔，無論是在工作或在遊憩都無法放下。因此分居至少可以確保家人回家後不需要看見高齡者。如此一來，家人的心理也會比較健康。有了這樣的距離，家人自然可以對高齡者比較溫柔。

即使分居還是能通勤照護，不需要覺得自己「拋棄父母」。最近越來越多人選擇分居照護家人，通勤照護並不少見。我以「全職的家人」稱呼二十四小時寸步不離的關係，並以「兼職的家人」稱呼一天只相處部分時間的關係。即使分居還是家人，只要做好兼職的家人即可。一般的家人也不會二十四小時共處。

不合時宜的「三代同堂」優惠政策

我想起《朝日新聞》日前報導了日本內閣於二〇一五年三月二〇日提出《少子化社會對策大綱》，做為少子化問題至二〇二〇年的解決方針。其中一環為優惠三代同堂，而擔當大臣為閣僚有村治子女士。要推動三代同堂，應該從自身做起吧。不知道現在的閣僚有多少人是三代同堂？從這個角度想，我建議親子分居根本是「反政府」。事實上在我看來，這麼做完全不合時宜。資料顯示若高齡者的經濟能力許可，大多會選擇分居。因為

「這樣比較輕鬆」——樋口惠子女士很早就看破這一點了。分居不僅父母輕鬆，孩子也輕鬆。同居對雙方來說，都是心不甘情不願的痛苦選擇。

若同居的結果是「請你去住安養院吧」，究竟為何要同居？

社會學稱之為「照護社會化」或「脫離家庭化」。日本政府優惠三代同堂，可以壓抑好不容易有所進展的「脫離家庭化」，推動「再次家庭化」。其背景為盡可能減少育兒、照護的社會福利支出。不僅如此，家庭社會學者落合惠美子女士警告——照護負擔過重，反而會使家人採取迴避風險的行動。包括刻意不結婚生子、不聯絡父母等。這項看似尊重家人的政策加快了家庭崩壞的速度。

遠距離照護

有些人的通勤照護屬於遠距離照護。太田差惠子女士率領的「包覆：分居家人照護協會」一如其名，是遠距離照護的當事人互相協助的團體。以往住在遠方的父母需要照護時，孩子只有兩個選項——將父母接來同住或返回老家。不過這兩個選項都有缺點。被迫搬進孩子家的父母得離開熟悉的土地，在陌生的土地適應陌生的生活習慣。此外，倚靠的孩子、孫子也大多忙於工作或讀書而無法經常共處。既然如此，倒不如直接住在家裡接受照護。

若不與家人同住，家人可能會一直擔心。現在已有各種高科技產品可以運用，守護高齡者的安全。包括每天都能聯絡的電話、網路的定期商品配送、確認水電使用量的報告等。守護，也可以說是監視。既然如此，家人甚至可以在高齡者家中裝設監視攝影機，二十四小時以手機確認高齡者的狀態。

我曾聽太田女士說過一件事——有個女兒在獨居父親的家裡裝了某廠商的守護熱水壺，每次使用都會傳送報告至手機。這是為了掌握飲水情況而設計的功能，若一整天都未飲水就得留意是不是發生了什麼事。

有一天，女兒發現父親關閉了熱水壺的電源。「爸，你為什麼要關起來？」「一打開，你就知道我喝了多少水吧？」原來是她的父親最近交了女友，但還不想讓女兒知道。父母也需要保有隱私。

當然現在還是有孩子願意為父母犧牲，包括離職、搬家等。二〇一二年，日本一年為照護父母而離職者達十萬人。不僅女性，男性也增加不少。樋口惠子女士率領的非營利組織「改善高齡社會女性會」提倡「零照護離職運動」，並向日本厚生勞動省提出「零照護離職意見書」，裡頭提到：

「為照護父母而必須離職者往往已經年滿四十歲，此時離職對其老後生活很不利。不僅企業失去長年培育的人才，政府、保險人也失去繳納稅金、社會保險的成員。孩子為了照護而必須與職場、社會切割，不一定能為需要照護的父母帶來幸福。」

當孩子猶豫是否應為照護父母而離職，我總是斷然表示：「絕對不可以」。尤其是女性。女性自己與周圍的人往往認為照護比工作重要，加上女性有可能被輕視：「你的工作那麼簡單，誰都能做」而容易受人多嘴雜的情況影響。想想看，這些給你壓力的聲音可不會保障你的老後生活啊。

你一旦離職就失去收入，保險年金也會因此而減少。即使父母會開心，但等你為父母送終，沒有人會為你的老後生活負責。

需要照護的父母只在乎自己——請大家記住這一點。父母還有體力時或許會為孩子著想：「你也要工作，不需要這麼常來看我」、「往返一趟得花很多錢吧」，但依賴孩子的父母永遠覺得孩子做得不夠。孩子每個月來探望一次，父母會恨不得孩子每星期都來。孩子每星期來探望一次，父母又會感嘆孩子為何不每星期來三次。孩子每星期來探望三次，父母甚至會責備孩子應該每天都來。父母希望孩子因此而產生罪惡感，以名為「虛弱」的資源勒索孩子。即使孩子為回應父母的情緒而犧牲，父母一旦離世，又怎麼管得了孩子的老後生活呢？

我總是說——只有你會認真考慮你的老後生活，父母、兄弟姊妹都不會。孩子最孝順的應該是說：「爸爸、媽媽，即使你們不在，我還是會好好地活著。請你們安心地走吧。」父母比孩子先離世，是理所當然。

緊急求救按鈕的功效

我完全不能理解有些父母只要在家中跌倒或身體不舒服，即使是半夜也會打電話給距離自己車程三~五小時遠的孩子：「你立刻過來一趟」、「來幫我想想辦法」。聽說有孩子真的每次都開三小時的車趕去父母身邊。只能搭乘大眾交通工具的孩子可以說：「明天早上才能過去」，可以自己開車、騎車的孩子就得二十四小時待命。似乎孩子得搬去國外，父母才會死心，覺得不能依賴孩子。

為何在社會上生活了數十年的人在家裡只剩下兩個人或一個人時，無法與附近可以倚靠的人建立關係呢？這是我單純的疑問，也是我擔憂的問題——若從有家人的人身邊排除家人，他們該不會一無所有吧？孩子長大了，自然就會離家——孩子不離家，反而才是問題——父母必須做好不依賴家人的準備。就這一點來說，可以向單身高齡者學習。

萬一發生緊急狀況，應該先聯絡附近的照護經理人。若是晚上，則要依序聯絡到宅護理站、自己的主治醫師。為此，高齡者平時就應該與照護經理人、照護業者、到宅護理站、居家醫療支援診所往來。在超高齡社會的緩慢死過程中，每個人遲早都會需要照護，請與附近的人建立關係。

有些地方政府實施所謂的「緊急通報系統」，聽說緊急求救按鈕是連接到一一九。若救護車鳴警鈴前來，高齡者一定會嚇一跳吧。相信許多高齡者會因此而不敢使用。有些自費安養院的緊急求救按鈕是連接到保全公司，說實在那也很奇怪。難道不能設計可以讓人輕鬆使用的機制嗎？

丹麥的緊急求救按鈕是連接到當地的到宅護理站。我造訪時，照護員告訴我，曾有人按下緊急求救按鈕的理由是：「我好寂寞，你可以跟我聊一聊嗎？」但照護員不以為意地說：「沒關係，隨時都可以與我們聯絡。」這才離開。

日本也有照護經理人提供自己的手機號碼，並願意接電話至半夜，以避免使用者感到不安。令我感佩：「你們真有心」，我在廣島見到的照護經理人說：

「只有一陣子會這樣。等他們習慣獨居，就不會那麼頻繁地打電話來。」

不僅如此，高齡者過去數十年難道都沒有朋友，也沒有透過社團、志工服務結交志同道合的夥伴？我以「選擇緣」稱呼這些人際關係。

活著，就是會給彼此添麻煩。與其親子之間互相依賴，只給彼此添麻煩，不如建立機制，巧妙地請其他人各自分擔一點點麻煩。

不想給孩子添麻煩

相反的，堅持凡事都不給孩子添麻煩的人也很令人傷腦筋。

現在照護父母的世代往往傾向不動員孩子（亦即需要照護者的孫子）。這是為了不讓孩子體驗無處可逃的家人照護是多麼嚴苛的挑戰。

最近有位五十多歲的兒子向報紙投書，反省自己沒有協助七十多歲的父母照護九十多歲的祖父母。後來才知道是父母一直不願讓兒子分擔照護祖父母。話說回來，在有吉佐和子女士的小說《恍惚的人》裡，妻子也不請丈夫、兒子協助；在佐江眾一先生的《落黃》裡，兒子夫妻也不動員孫子。對孩子而言，那是父母；對孫子而言，那是祖父母。為什麼不請具備照護能力的家人協助？我不太能理解這一點。

我可以明白獨居老人為何想尋找提供永續祭祀服務的墓地，但有些日本人即使有孩子仍希望葬在提供永續祭祀服務的墓地。因為他們不想增加孩子掃墓的負擔……「祖先崇拜」是日本人的傳統，而民俗學家高取正男先生稱此動機與「祖先崇拜」背道而馳的現象為「子孫崇拜」。

不想增加孩子掃墓的負擔——曾為照護心力交瘁的父母，特別會這麼想。他們背負著幾乎就要壓垮自己的重擔，因此不希望孩子也經歷這一切。若真是如此，可以在孩子的能力範圍內，讓孩子分擔一些就好。減輕家人的負擔，使負擔不至於超過能力範圍——這是照護保險的理念，不僅不會破壞家庭傳統，還是守護家庭關係的唯一處方箋。

正因為如此，我才會以「惡魔的耳語」稱呼孩子開口詢問：「要不就一起住吧？」一事，並建議父母即使拒絕，也不要語帶埋怨地說：「我才不需要你照顧呢。」此時不妨為彼此留點餘地：「萬一需要你照顧，就拜託你了。」畢竟我們無法預測老後會發生什麼事。你用心養育、教育孩子，孩子在你陷入苦境時盡一己之力也是理所當然（虐待孩子的父母另當別論）。前提是付出不會對孩子的正常生活造成威脅。

「不想給孩子添麻煩」與「孩子本來就應該為父母犧牲」似乎過猶不及。在我看來，這麼做感覺上是尊重孩子，事實上卻表示親子未適當分離。

孩子安心，父母便安心

孩子對老後而言是資源還是風險——這是個令人傷腦筋的問題。尤其是尚未／無法獨立的孩子，總是使父母掛心而無法安詳臨終。

我的友人在鄉下地方經營為智能障礙者提供日間照護服務的事業。在這種情況下，父母無法期待孩子具備照護能力。不僅是智能障礙，身體障礙、精神障礙等身心障礙者的父母亦然。父母甚至還得擔心自己死後，孩子何去何從：「我不能放下孩子，就這樣死了……」

那些智能障礙者也會邁入中老年，而其父母更加高齡。有孩子但無法期待孩子具備照護能力的老後，與獨居老人沒有分別。友人提到擔憂孩子與自己老後的父母，希望能透過安養院解決這個問題。既然如此，或許可以在同一個地方興建收容高齡者與身心障礙者的安養院，讓雙方隨時都能交流？我們笑著說，這也是一種「親子蓋飯」呢。父母不僅希望在孩子身邊走完最後一哩路，也想確認孩子在自己死後還是可以好好地活下去。如此一來，父母才能安詳地臨終。試著模擬後，會發現此舉受到社會福利行政體系縱向的繁瑣限制，像是不可使用同一棟建築、廚房與一般職員都要由專業人士管理等。那麼或許可以分為兩棟並興建空橋，讓使用者可以自由通行？我們想了許多策略，但皆尚未實現。這些問題對身心障礙者的父母來說，絕對是切身又迫切的問題。

孩子安心，父母便安心。父母安心，孩子便安心。父母即使獨居也能安心生活，能使孩子安心；確認孩子在自己死後還是可以好好地活下去，能使父母安心。父母先離世是理所當然，我可以一再重複這一點。「爸爸、媽媽，即使你們不在，我還是會好好地活著。請你們安心地走吧。」我認為社會福利是為了讓人們可以說出這句話而存在。

CHAPTER 15

死亡可以自己決定嗎？

死亡的自主決定權

每次提及「在家一個人臨終的首要條件是當事人強烈的意願」、「管理自己的死亡」，就會立刻有人質疑：

「死亡可以自己決定嗎？」

近年，以「自己決定死亡的方式與地點」、「自己選擇老後的生活方式」等主題的書籍（近山惠子、米澤奈那子、社群網絡協會監修之《自己選擇老後的住所與生活》等）與日俱增。屢屢創造新詞引發流行的「改善高齡社會女性會」理事長樋口惠子女士在著作《自己決定如何結束人生——運用末期醫療與制度》中所言甚是：「以往我們將死亡交給其他人，現在我們要自己決定。」

我與中西正司先生合著《當事人主權》後，有人對我說：「既然我們能自己決定如何活著，表示我們也能自己決定如何死去吧。」的確，以往的高齡者會將老後與死亡交給家人決定，而不是依照自己的意願選擇。因此我認為未來的高齡者必須了解自己的權利。每次看見戰前出生的女性高齡者面對超乎預期的漫長老後，百般痛苦地成為家人的負擔、在家人要求下入住安養院，我就會想：「好，你們看著。戰後出生的我們一定不會因為年齡增長而乖乖就範。」

樋口惠子女士是日本戰後接受男女共學的民主主義教育的第一代——自從日本戰敗改寫教科書以來，這一代不再相信權威，認為夢想必須靠自己實現。若自己決定老後、生活、照護等事很重要，一般人自然也會產生聯想——自己決定死亡也極重要。

不過我卻認為應該要再觀察一下。這是我的真心話。

闖入日本尊嚴死協會

二〇一四年十月，我帶著些許緊張，前往奈良市的演講會場。當天日本尊嚴死協會關西分部邀請了一千名聽眾齊聚一堂。我之所以緊張，是因為我要在受邀演講的情況下告訴他們：「我不同意你們的看法。」為何日本尊嚴死協會希望我前去演講呢？可能是因我平時提倡「自己的事，自己決定」，他們以為我與他們想法一致吧。

日本尊嚴死協會於一九七六年成立，原名為日本安樂死協會。會員數量在二〇一四年已逾十二萬人，組織十分龐大，於日本各地皆設有分部。創辦者為太田典札先生，他曾協助制定優生保護法，因主張「優生」而為人所知。優生是指認為——在孩子出生前決定其是否為「值得活著的生命」。因此他們將相同的思維套用在死亡上並不令人意外。

現在日本尊嚴死協會刻意與安樂死保持距離。儘管原名為日本安樂死協會，但起初他們就不主張「積極的安樂死」，而是「消極的安樂死」。也就是拒絕維持生命的醫療介入死亡，消極地選擇自然死亡。根據日本尊嚴死協會的說法，「消極的安樂死」的定義為「人在無法治癒或瀕臨死亡時，選擇放棄或中止維生醫療，自己決定自然死亡」（一般社團法人日本尊嚴死協會編著、發行《新 由我決定的尊嚴死「無法治癒或瀕臨死亡時」的具體提案》中日新聞社發售，二〇一三年）。維生醫療是指裝鼻胃管、胃造口、呼吸器、人工心肺等。想必許多人都知道目前日本致力於宣傳依照自己的意願預立「尊嚴死宣言」[17]。

被戲弄的家人

或許有人覺得我主張「當事人主權」卻對「自己決定死亡」感到遲疑一事有些不可思議。

我會這麼想，是基於為父親送終的經驗。

我的父親是獨立開業的醫師，罹患癌症時不僅轉移還是末期。他是醫師，很清楚自己接受的醫療，也知道自己的身體無法痊癒。他對此深感絕望。儘管許多醫療專業人士認為：「若可以選擇，我會選擇因癌症而離世。」因為癌症的死亡可以預期。周圍的人為了安慰我們這些家人會說：「癌症患者的家人可以有時間接受死亡」，我聞言後表示：

「是啊，我們已經接受了父親即將迎來死亡。但當事人似乎還無法接受。」

明明死亡迫在眉睫，父親卻一再避談葬禮與墓地。有一天，他因過於絕望而拜託我們讓他早一點斷氣。隔天他卻又抱著一絲期待，希望我們為他轉院至復健醫院，試試看能否改變因腦腫瘤而無法行動的下肢。當哥哥們為他四處尋找適合的復健醫院時，他又開始自暴自棄：「算了。」家人總是被耍得團團轉而疲於奔命。當時的經驗讓我學到一件事——患者的心情就像雲霄飛車般高低起伏，而家人只能做好被耍得團團轉的心理準備。也就是說，人的想法隨時都有可能改變。即使現在決定這麼做，之後也可能會反悔。從那時候開始，我就不覺得應該為某個填上日期的決定堅持到最後。

---

17 台灣也有類似的文件，名為「預立安寧緩和醫療暨維生醫療抉擇意願書」。

照護父親期間，我曾向同樣有照護經驗的朋友抱怨，或詢問他們的經驗。那些安詳而莊嚴臨終的事例，對我們一點幫助也沒有。膽小的父親一直到最後都將家人耍得團團轉，垂死掙扎。

我不是想要說死者的壞話，而是想告訴大家，我透過上述經驗學到的事。死亡是父母留給孩子最後的教誨。無論如何，我們都能有所學習。

世上有些人死得安詳而莊嚴——整頓一切、從不抱怨，堅持自己的意願。在佐江眾一先生的小說《落黃》中，年邁的母親從某一天開始拒絕進食，自己選擇餓死。與顯露老殘之姿的父親相比，看得出來佐江先生感佩母親毅然決然以近乎自盡的方式離世。不過不是任何人都能做到這一點。

人是內心軟弱的生物。瀕臨死亡的人更是身心俱疲，當然會感到困惑、煩惱或思緒紊亂。我相信世上絕大多數的人，就如我的父親般並不那麼勇敢。有醫師說：「任何臨終的方式都很莊嚴。」換個角度想，就是死亡沒有莊嚴與否之分。死亡就是死亡。

是「尊嚴死」還是「尊嚴生」？

既然如此，「有尊嚴的死亡」與「沒有尊嚴的死亡」的差異為何？據說「有尊嚴的死亡」是指不再維持「死了還比較好」的「沒有尊嚴的生命」。

日本尊嚴死協會成立的契機為美國的凱倫昆蘭判決，在一九七六年時法院認定凱倫昆蘭已陷入無法恢復的持續性植物人狀態「稱不上有尊嚴的生命」，並同意家人提出中止維生醫療的要求。

日本尊嚴死協會所指「無法治癒或瀕臨死亡」的狀態有無法恢復的持續性植物人狀態、伴隨著劇烈疼痛的癌症末期、失智症、必須接受透析的腎衰竭、肌萎縮性脊髓側索硬化症（ＡＬＳ，amyotrophic lateral sclerosis）等神經罕見疾病。「尊嚴死」是一種消極的選擇」——認定患者「無法治癒或瀕臨死亡」時，不積極以醫療介入。那麼由誰來認定才好？許多醫療專業人士都知道高齡者自昏睡狀態甦醒的情況不勝枚舉，而且判斷「死期」並非易事。

現在世上也有許多「無法治癒但未瀕臨死亡」的罕見疾病重症患者、重度身心障礙者。因重度障礙而無法回應呼喚的孩子，也能靠維生系統一天一天長大。相信這些孩子的父母都希望孩子活越久越好。目前已確定ＡＬＳ患者即使陷入呼吸困難的狀態，只要裝呼吸器就可以再活二十年以上。「無法治癒」是指當今醫療水準下的「無法治癒」。隨著醫學進步，相信不久的將來，人們也會找到治療癌症、ALS的方法。即使罹患肺結核、AIDS等原本應是不治之症的疾病，也能繼續活下去。

每次寫下這樣的文字，我都會想起一段痛苦的回憶。在一次企業家的聚會上，我參加了會後的餐敘。一位上了年紀的男性在我的耳邊說了一句話。他之前因腦中風而病倒時被家人送至醫院，恢復意識後拼命復健才走到現在。之後他卻經常詛咒自己麻痺的身體，當時他也對我說：「要是那時我的家人沒有叫救護車就好了。」

家人好不容易才救回一條命，當事人卻這麼想……家人情何以堪。我相信他因復健而得以重返工作崗位，一定很感謝家人讓他能活下去。既然如此，他究竟為何會有「死了還比較好」、「一定要為了活著這麼拼命嗎」這些想法？使他覺得與其留下後遺症倒不如死了還比較好的社會，又是怎麼回事？

世上有人四肢麻痺、有人看不見、有人聽不到，也有人罹患重度失智症。某個前東京都知事曾經在造訪收容重度障礙者的安養院時說：「這種患者的開銷很大（省略）換做是西方人，早就棄之不理了吧。」即使如此，所有人還是以自己的方式拼命地一天一天活著。

安養院照護的教主高口光子女士說：

「既然這麼堅持一生只有一次的『尊嚴死』，更應該重視高齡者每一天的『尊嚴生』吧！」（上野千鶴子《照護教主——支援臨終的專家》，亞紀書房，二〇一五年）

女性ＡＬＳ患者不接呼吸器的原因

日本尊嚴死協會十二萬名會員中，女性占了七成——多到令人無法想像當會員年齡增長，女性的比例還會再擴大。根據社會學家立岩真也先生的研究，ＡＬＳ患者裝呼吸器的情況有男女之分，女性患者幾乎不裝呼吸器。（《ＡＬＳ　不動的身體與呼吸的機器》，醫學書院，二〇〇四年）。因為一旦因切開氣管而一輩子失去聲音，活著就得二十四小時依賴其他人。男性可以選擇依賴家人，但女性沒有這個選項。尤其是習慣照顧其他人的女性，更無法忍受自己給其他人添麻煩。因此她們會選擇任由身體麻痺，緩慢地自殺。陷入呼吸困難的狀態後至臨終的過程，緩慢而艱辛。明明可以，卻有人選擇不接受協助。

立岩先生表示——眼睛看不清楚就戴眼鏡、耳朵聽不清楚就戴助聽器……同樣的，呼吸困難沒有道理選擇不裝呼吸器。ＡＬＳ患者與其支持者之所以會質疑尊嚴死運動，是因為擔心所謂的尊嚴死，會不會營造連裝呼吸器都要避免的氛圍。日本尊嚴死協會的會員抗拒人在臨終前得躺在加護病房被插滿管子，從立岩先生二〇〇八年與讀賣新聞社一同調查了末期醫療結果顯示，目前的末期醫療並不像媒體渲染的誇張，家人選擇減少醫療介入的情況反而占多數。相信「家人不會堅持一定要維生」的情況應該能讓高齡者放心吧。

神經罕見疾病ＡＬＳ之所以使人聞風喪膽，是因為最後得面對所謂ＴＬＳ（Totally Locked-in State，完全閉鎖狀態）的全身麻痺狀態。而且明明不能看、不能動也不能說話卻聽得見，意識也十分清楚。川口有美子女士就是這樣，「像照顧蘭花一樣」在家照護全身麻痺而裝呼吸器的母親長達十二年。期間，川口女士成立了「櫻花會」支援ＡＬＳ患者的居家生活，並就任副代表，而代表為ＡＬＳ患者橋本操女士。櫻花會支援獨居患者的居家照護系統，爾後還有了「櫻花模式」、「社長模式」等稱呼。之所以稱橋本女士為「社長」，是因為橋本女士不僅經營照護事業，也使用照護員。描寫兩人的照護體驗的《不死的身體　ＡＬＳ患者的日常生活》獲得大宅壯一紀實文學獎。在第二本著作《超越末期　獻給罹患ＡＬＳ等罕見疾病的患者與其身邊的人》（青土社，二〇一四年）中，提及裝呼吸器後多活近三十年的患者長岡紘司先生。

「給後繼者。（省略）給未來的末期患者。這些傳達的教誨有明確的意圖。這是長岡的遺言。」作者在書中引用了長岡先生以嘴形表達意思的一字一句，毫不馬虎。

「活下去　然後　指正身邊的人

（省略）再怎麼辛苦都要相信自己能痊癒地活下去

活著　活著」

此外，此書也提及「全身動彈不得的ＡＬＳ患者在日本才能（裝呼吸器，引用者註）活下去」、日本有「最強的ＡＬＳ患者，使全世界的患者皆投以羨慕的眼光」、「日本的（罕見疾病）患者享有低稅率、高福利的優惠」等顛覆常識的資訊。ＡＬＳ患者有三成選擇裝呼吸器——在先進國家中，只有日本的比例這麼高（三成不算低，而是非常高！）。此外，日本的獨居ＡＬＳ患者可以二十四小時接受其他人的照護，可以說是全世界的模範地區。閱讀此書時，我對自己住在這麼好的環境而驚訝不已。這些不是天下掉下來的，而是ＡＬＳ患者「相信人世的正義」、「與未來訂定契約，孤注一擲般地踏出去」努力的結果。支援者們則扮演著橋梁的重要角色。

「不值得活著的生命」

川口女士在此書中與神經罕見疾病專科醫師中島孝先生討論了「尊嚴死」。中島醫師認為納粹以「安樂死」將「清洗」「不值得活著的生命」一事正當化，而「安樂死」是「尊嚴死」議題「十分容易出現的滑坡。川口女士指出，日本尊嚴死協會發行之二〇〇七年版《由我決定的尊嚴死》（中日新聞社發售）結語認為「安樂死與尊嚴死只有些微的不同」。但在二〇一三年版的《新 由我決定的尊嚴死》（中日新聞社發售）或許是力求慎重，刪除了這段文字。「其實尊嚴死與安樂死說的，都是提前死亡無妨」（中島）

救災時有所謂「分診」的概念，起源於戰爭醫學，原理是冷靜分類並決定如何優先使用有限的醫療資源。中島醫師認為「如何妥善減少為『（活著）沒有意義的人』付出花費、醫療與社會福利」這個課題換句話說：「避免沒有意義的醫療與社會福利，以減少浪費、提升效率」就是「尊嚴死」。

根據中島醫師的說法，「末期」是所謂的「建構」或「構念」。「建構」或「構念」是指以社會性的方式構成的思維。也就是說，什麼樣的狀態可稱為「末期」決定於複數相關人士的討論，而不是由專家單一而客觀地予以定義。中島醫師指出個人的決定「不可能完全不受任何人影響，僅由自己一人思考並決定」。相對的，使「難以治癒的患者放棄或絕望而決定提前死亡」就很容易。社會與身邊的人事物會影響當事人企圖求生或求死。從「最近加入日本尊嚴死協助的患者以高齡、獨居的女性居多」這一點似乎能看出日本社會認為高齡的單身者活著沒有意義。川口女士表示：「正因為如此，一直到最後一刻都不放棄而想要繼續活下去，才是患者真正的權利。」

「尊嚴死」這個概念可怕的是——總是認為「與其活得沒有尊嚴，死了還比較好」的想法。

日本尊嚴死協會的長尾和宏醫師在《長尾和宏醫師的死亡課》（Bookman，二〇一五年）中主張積極介入死亡的安樂死，與減少維生醫療的尊嚴死不同。安樂死的英文是euthanasia，而認同安樂死的法案為Death with Dignity Act，中文翻譯為「尊嚴死法案」。這表示「尊嚴死」在英文與中文裡的意義不同。為避免誤會，改名為「日本安詳死協會」如何？生死觀是由文化形成的產物，不需要配合全球標準。

「現在仍要選擇管灌？」

二〇一四年九月，一個晴朗的秋日。曾於我的母校石川縣立金澤二水高中服務的關丕女士（她結婚之前的舊姓為北島）所主持的LOGOS研究所，於金澤舉辦二十週年紀念活動。她過去是英文教師，而LOGOS研究所是她為從事兒童英文教育而建立。LOGOS研究所有許多留學生、外籍人士與曾赴海外的日本女性出入，建立了以她為中心的網絡。其中有些人因調職而搬遷至其他地區，但在慶祝LOGOS研究所二十週年、關女士八十三歲之際，眾人回到金澤這個久違的地方齊聚一堂。

其中，有人曾協助關女士於三十年前照護與她相依為命的母親。她的母親因腦中風病倒並接受管灌，而照護維持了三年又兩個月。她是高中老師，若為照護母親而辭職，不僅無法維生也無法負擔照護費用。她每天下班前往母親的助所，協助代替她陪伴臥病在床且無法言語的母親。成為高中教師之前，她是一名心理諮商師，因此有許多「生命線」的夥伴。當時她找了家庭主婦、上班族、學生、工讀生等各領域的三十名女性。最後她們共同完成《安江奶奶與她的三〇名夥伴　臥床照護日記》（北島丕編著，光雲社，一九八五年）。安江奶奶就是關女士的母親。

當時的朝日新聞金澤分局長向平美先生與兩名記者在石川地方版連載報導了此事，獲得艾普強醫療報導獎（現為輝瑞醫療報導獎）。由報導集結成冊之《彈指吧！奶奶 一個照護家庭的記錄》（朝日新聞金澤分局編著，朝日BOOKLET，一九八六年）。之後改編成感人的動畫（辻伸一導演，朝日新聞社製作，一九九二年）與繪本（MUKAHIRA Susumu文、Group Tac圖，十月社，一九九二年）。

「彈指吧！」的由來是奶奶因腦中風留下麻痺的後遺症，因此無法言語，只能以彈指向夥伴傳達意思。比如說彈指一次表示「是」、手勢固定不動表示「不」。夥伴持續透過這樣的方式與安江奶奶溝通，發生有趣的事時，奶奶甚至會「呵呵呵」地笑出聲來。腦中風後，醫師宣告沒有反應的奶奶為植物狀態；奶奶之所以能有長足的進步，都是因關女士與夥伴鍥而不捨地呼喚。奶奶面對討厭的醫師時會沒有反應。「奶奶，你是假裝沒聽到吧」、「（彈指）」、「哈哈哈」這樣一來一往的對話使病房充滿笑聲。

關女士與我的連結是，安江奶奶的第一任主治醫師是我的父親。奶奶過世後，父親仍擔任關女士的家庭醫師，守護心臟不好的關女士與其家人的健康。啊，提到家人。關女士原本單身，在照護母親時獲得許多男性協助，因此認識了一位喪偶的男性。最後，年過五十的關女士與對方結婚，獲得人生的伴侶！夥伴都為關女士感到無比的喜悅。

這是三十年前的往事，當時照護保險連個影子都還沒有，也缺乏有償志工這樣的概念。關女士憑一己之力建立互助網絡，但不希望她們無償提供協助，因此她會將自己的薪資放進袋子中並放在病房裡：「想拿多少就拿多少。」據說大家會視交情，有人拿了、也有人不拿。

LOGOS研究所二十週年紀念活動有一半以上的夥伴參加。過去十多歲的少女也已為人母。我當場詢問了關女士與其夥伴——

現在高齡者會事前決定放棄胃造口、管灌等維生醫療。安江奶奶因管灌又活了三年多，換做是現在……她們會選擇和奶奶一樣嗎？

我開口時其實很擔心，不知道她們會不會願意回答。其實包括關女士等，在場所有人都回答：「會。那三年多對我們來說非常有意義。」

當初夥伴的聯絡簿至今還留著。到最後，聯絡簿不再只是安江奶奶的照護記錄，也是夥伴吐露心聲的交換日記。其中有一段內容是這樣的——當時有名夥伴原本一直窩在家裡都不出門，當她看見奶奶連呼吸、排泄都很辛苦卻還是拼命地活著，她就會想：「我這樣放棄人生，對嗎？」每次看見奶奶，她都自慚形穢。

在照護的過程中，每當奶奶吃下一口飯、擠出一點排泄物，都會鼓舞身邊的人。若有人願意扶持當事人堅持活到最後一刻，表示當事人活得有尊嚴——那麼相信她們都深刻地感受到，這比嚴尊死還要重要。

充滿疑惑地活著

我接受日本尊嚴死協會的邀請，前往秋天的奈良演講時的內容是——不要相信健康時某個填上日期的決定，一直猶豫到最後一刻也無妨。

裝不裝胃造口、呼吸器都沒有所有謂的「應該或不應該」，而困惑、被耍得團團轉，是家人扮演的角色。若沒有家人，就由身邊的人與當事人一同煩惱、思考。這是我的想法。我認為生死沒有正確答案。一如出生時無法選擇方式，死亡時也同樣無法選擇。若有人覺得自己可以決定死亡的方式——我認為這是超越人力可及的傲慢。

CHAPTER 16

臨終者寂寞嗎？

臨終的寂寞

我與某位女醫師一同前往患者家中看診時，聽說了這麼一個小故事。

一名長年從事翻譯工作的高齡女性在徒弟與照護員扶持下，過著臥病在床的居家生活。有一天，其他人正要回去時，她說了一句：

「好寂寞啊。」

其他人沒想到平時這麼堅強的人會說這種話，原本想繼續留下來，但礙於後面還有其他行程，還是只能告辭。結果那位女性隔天就離世了。

「上野女士，將死之人是不是心裡有數呢？所以才會覺得寂寞……」

那位女性醫師這麼問我。

我聞言一驚。

自立自強以專業維生的女性，沒有孩子也沒有孫子——我忍不住想，我的未來也是如此吧。我不曾經歷死亡，無法得知瀕臨死亡的感覺為何，但我未來是否也會說著：「好寂寞啊」而離世呢……

靈魂之痛

據說死亡時得面對四種苦痛，包括身體之痛、精神之痛、社會之痛與靈魂之痛。身體之痛包括癌症、呼吸困難等肉體方面的苦痛。近年緩和身體之痛的技術已大幅改善。儘管醫師的醫術有高低之分，但疼痛控制都可以在家進行。甚至有醫師認為比起護理師必須一一遵循醫師的指示進行，患者自己在家控制疼痛還比較容易。

精神之痛大多是對於家庭關係的煩惱或擔憂。所幸高齡社會的死亡是可以預期的緩慢死，經年累積的怨懟與憎恨也可以在離世之前解脫。與應該和解的人和解、向應該道謝的人道謝，若能向這個世界告別，心情也會比較冷靜。

所謂社會之痛是指金錢、工作等令人牽掛的事。與社會有關的問題可依循社會的方式解決，毋需擔心。債台高築也不會留到下輩子、沒做完的工作會有人協助完成……這世界不會因為少了你而無法運作。人生走到最後，要有「就這樣拍拍屁股走人」的心理準備。

最後是靈魂之痛，與對死亡抱持的疑問有關。包括為何自己得死去？為何是現在？為何得這樣死去？……這些沒有人能回答的問題、這些彷彿只有宗教才能回答的問題。相比之下，身體之痛、精神之痛、社會之痛等三種苦痛即使再怎麼困難都能解決。

若要分類，一開始那則小故事的主角說：「好寂寞啊」也屬於靈魂之痛吧。

臨終者的孤獨

自從我聽說那則小故事，都會問實踐居家送終的人們：「臨終者寂寞嗎？」他們的答案五花八門。

有人認為臨終前意識模糊、混亂，應該沒有餘裕思考寂寞與否；有人認為所有在家臨終的人離世時看起來都很安詳，應該不會覺得寂寞。聽說許多亡者會在臨終前流下一行清淚。有人說是因為寂寞、有人說是懷抱感恩向此生告別——在世者以自身立場解釋臨終者的心情，眾說紛紜。

話說回來，「寂寞」究竟為何？

不想一個人獨處、希望有人在身旁、希望有人握住自己的手、希望有人將自己抱緊……是這些心情嗎？只要有人在身旁，這些心情就能抒解嗎？此外，「有人」是指誰呢？照護員、到宅護理師都可以嗎？還是親朋好友才可以呢？還是發自根源，任何人在身邊都無法抒解呢？

自從我為父親送終後，便開始感受所謂的「寂寞」。

父親臨死前，人在病床旁的我感覺與父親之間有著絕對的隔絕感。「爸爸很可憐，但即將臨終的是你而不是我。你和我之間有一道無法跨越的鴻溝……」比起在世的我，想必離世的父親更是這麼覺得。我不禁感受到一股臨終者必須面對的絕對孤獨。

曾經有位女性略顯自豪地說：「父親過世時，母親和我握著他的雙手，送他走到最後。」不過我並不認為這樣能抒解臨終者的孤獨——那只是在世者的自我滿足，不是臨終者的心願。回想起來，片刻不讓臨終者獨處、照護員所謂「抱著送他們離開」的做法，或許都非臨終者所願，甚至會使臨終者困擾。也或許臨終者希望陪伴在身邊的人不是你，而是其他人。

我也問了從事居家安寧療護的山崎章郎醫師相同的問題，他的回答充滿可實踐性：「最好的準備是趁當事人的狀態尚可時先確認：『到時候你希望我們聯絡誰？』即可聯絡當事人最希望陪伴在身邊的人。只要名單上列出五人，一定會有人前來。」（上野千鶴子《照護教主——支援臨終的專家》）

選擇死亡的時間？

小笠原文雄醫師擁有強大的信念，認為人會選擇自己的死期。正確來說，應該是過去擁有強大的信念。

根據小笠原先生過去為單身者送終的經驗，沒有任何一位單身者真的獨自離世。通常都會等到疼愛的孫子趕來、喜愛的照護員正好造訪等時刻離世。

但最近小笠原先生的想法似乎有了變化。因為隨著送終的經驗累積，越來越多人獨自離世。即使與家人同住也有可能在睡夢中斷氣，或家人齊聚一堂卻沒有人注意到當事人已經離世。曾有家人因臨終是時間的問題而在當事人枕邊待命並問：「他會一直這麼痛苦嗎？」小笠原先生回答：「若你不休息，他也不會安心」，並要求家人回去休息，而當事人就在這段時間裡斷了氣。家人集聚一堂卻沒有人注意到當事人已經離世，家人會互相責備：「這麼多人為何沒有發現……」這時小笠原醫師會說：「表示當事人走得十分安詳，才會沒有人發現。」

雖說是臨時的判斷，但不得不佩服小笠原先生減輕家人負擔的能耐。其實他的副業（儘管我不知道哪個是正業、哪個是副業）是僧侶。他的說詞包含了僧侶對於生死的觀念，因此不是每個人都能模仿。不過德語「Mund Therapie」，亦即所謂的「口頭治療」，也是醫師非常重要的職責。醫師無心的一句話可能會傷人，也可能會救人。

簡單說，小笠原先生認為每個人的情況不同，有人在其他人陪伴下離世，有人則不。至於好壞，是在世的人擅自賦予解釋。獨自離世不一定「孤獨」也不一定「寂寞」。

「死後會去哪裡？」

我覺得不可思議的是，許多從事送終工作的專業人士對「因應臨終者靈魂之痛」一事抱持著使命感。

「日本死亡臨床研究會」有千名醫師與護理師參與。當我出席二〇一二年年度大會時，「死後會去哪裡——如何回答患者的疑問」是分科會的主題之一。我沒想到醫師、護理師會如此積極討論這些問題，著實令人驚訝。我無法理解醫療專業人士為何必須面對沒有人想要回答的問題？為何承擔這些責任？安寧療護病房的起源大多為宗教團體，包括基督教的牧師、天主教的神父、佛教的僧侶等。畢竟安寧療護在歐洲，原本就是由宗教人士主導，醫療專業人士沒有必要回答這些問題。

若患者問及，醫療專業人士大可回答：

「這個呀……我也不知道答案呢，需要幫您安排神職人員嗎？」

有些人或許會覺得特地將肉體與靈魂分開，感覺很討厭。但在基督教、天主教的社會裡，這應該是常理；只是日本不習慣這麼做，導致醫療專業人士必須承擔過多的責任。

我想當然，會認真面對這些問題的醫療專業人士都是認真、善良的人吧，而他們之所以願意思考這些問題，也是為了反省。主治醫師往往傾向遠離告知壽命、中止治療患者的病房。畢竟醫師的工作是治療。束手無策的醫師等於戰敗的將軍，不想面對戰敗的戰場與末期的患者，自然退避三舍。另一方面，患者也會因醫師不再診視，飽受被拋棄的絕望拉扯。安寧照護病房的醫師必須發揮有異與主治醫師的作用。一旦移至安寧療護病房，負責的醫師就會更換。

相比之下，居家醫療的醫師又得扮演不同的角色。主治醫師的工作是協助患者走過從罹病至末期的治療歷程，到了末期，則必須盡可能減少醫療、陪伴患者。其實若是送終，有護理師、照護員即可；但似乎因為醫師的權威與予人的信賴，患者總是很期待醫師造訪。基於對醫師百忙中特地前來的感謝，即使醫師只為患者確認生命徵象（血壓、脈搏等），患者與其家人就會覺得居家醫療的醫師「很用心」。

某位安寧療護醫師的心聲

橫濱市恩賜居家醫療診所的小澤竹俊醫師曾在安寧療護病房服務，也曾在某個居家醫療的電子郵件群組裡坦率地說出這麼一段話：

「那已經是十七年前左右的事了……我在橫濱甦生醫院安寧療護病房服務第三年遭遇極大的瓶頸，也就是一般說的棘手病例。罹患抗藥性癌症只剩數日壽命的患者，也可能因恢復健康的希望與日漸衰弱的現實之間相距甚遠的痛苦而萌生怒意。此時醫師就成了患者的箭靶。有些患者會埋怨「為什麼這本書說可以痊癒，我的病情卻不斷惡化，一定是醫師的問題」。有些患者會堅持「儘管我怕痛，但希望盡可能不用止痛藥」我為了盡一己之力而學習各種知識，包括緩和醫療、心理學、哲學、宗教。但是不管我再怎麼努力學習，我在某位患者面前還是力有未逮，甚至想要逃之夭夭。即使我前往病房診視，我也遲遲無法走進那位患者的病房。總是到了最後的最後，我才能提起勇氣前往……當我走出病房時總是一如預期，遭遇反擊而氣力全失。

我一直想要幫助其他人，但我後來發現會這麼想的我才是最需要幫助的。

下面這句話不是我說的，而是一名高中一年級的學生於二〇〇〇年參加由我講授的「生命課程」後的感想。

『我聽了這堂生命課程，發現想要幫助其他人的醫師最需要幫助。因此我忍不住想給醫師比兩個讚。』現在我將下面這句話視為我的座右銘——

『想要幫助其他人的人最需要幫助』。」

他一定很難受吧。

小澤先生是位誠懇而有良心的醫師，而大多數醫師立志從事醫療工作都是基於「想要幫助其他人」這樣崇高的動機。這一點無庸置疑。小澤先生為培育能因應末期的醫療溝通人才而成立一般社團法人「End-of-Life Care協會」，並以下列五點做為「協助痛苦之人的五大課題」：

（一）學習能幫助對方的溝通。

（二）掌握對方懷抱的痛苦。

（三）掌握對方擁有的資源。

（四）了解我們該怎麼做才能幫助對方並予以實踐。

（五）了解自己提供的幫助。

這些都很基本，但我認為醫學教育應該加入這樣的課題。

幫助也有所謂的極限。支援精神障礙者生活起居的「浦河Bethel's House」配合的精神科川村敏明醫師認為，從事醫療工作時最重要的心理準備之一是「知所進退」。

當醫師坦率告知：「對不起，這是我的極限」，患者也會理解：「說的也是。抱歉，給醫師出難題了……」醫師與患者之間應該也可以有如此成熟的對話。

醫師並非萬能，無法發揮哲學家或宗教家的作用。事實上，醫師若以此為目標，甚至可以說是越權。醫師必須了解自己的極限，知所進退；患者亦然，不能對醫師有那樣的期待。若說我會這麼想是因為我還沒有被逼入絕境，那也只能這麼解釋了。

想要與誰度過？

三一一東日本大震災後，我見到僧侶瀨戶內寂聽女士時有這麼一段互動。我非常羨慕佛教人士走進災區的避難所時可以對受災者說：「你深愛的人只是先去了來世等你」──見到她時，我忍不住說了這件事。結果她說：「我一直到這幾年，才能說出這些話」。我有些吃驚地問：「您出家時，不相信來世的存在嗎？」她說：「不相信」。就連得道的瀨戶內女士都這麼說，何況我這個無神論者，實在無法回答「死後會去哪裡」這個問題。

當我提及此事，某位醫師表示：「患者會這麼問，表示他非常信賴醫師。」的確，這個問題不會隨隨便便說出口。問這個問題除了信賴醫師，同時也是在試探醫師做為一個人的度量，就像是在問：「你對待我有多認真？」

或許患者期待醫師毫不畏懼地看著患者的雙眼說出「是啊……會去哪裡呢……我也不知道」、「我是基督徒，所以相信天堂，不知道您相不相信」等能與人一起面對孤獨的答案。就這層意義來說，這個問題不是在追求答案，而是追求心靈之間的連結吧。「好寂寞啊」這句話也是……

我這麼說或許是在死纏爛打，但患者應該向醫療或照護專業人士追求這種連結嗎？若是我……應該會與過去一同經歷過許多事物，互相理解並擁有共鳴的朋友討論生死。畢竟活了數十年，就算沒有家人，難道沒有一兩個這樣的朋友嗎？竟然向醫療、照護專業人士詢問這些問題，實在是搞錯對象了吧。不僅對方會很驚訝，回答這些問題也不是對方的職責。重點是只能與這些專業人士溝通的狀態本身就有問題……

鷲田清一先生曾說——與痛苦之人「站在一起」就是一種療癒（《「傾聽」的力量——臨床哲學理論》TBS-BRITANNICA，一九九九年／筑摩學藝文庫，二〇一五年）。醫師、護理師應該沒有足夠的時間，無法像照護員一樣與臨終者「站在一起」；臨終者應該也不希望和自己「站在一起」的人是照護員或志工。即使是宗教家，若有素昧平生的牧師、僧侶表示要與我「站在一起」，我可能會說：「你請回吧。」

傾聽不需要志工。我想我應該會說，回憶應該與共同擁有的人一邊歡笑、流淚一邊述說，為何我得將重要的回憶告訴你這個陌生人呢？我還是覺得問題應該是只能與傾聽志工溝通的狀態。儘管共同擁有回憶的人會越來越少是長壽的不幸之一，但總是有年齡相差較遠的朋友吧。像這種「了解自己」的話題得與知己談論才有意義，不是嗎？

現在有電話、SKYPE等溝通管道，隨時都可以聯絡。即使臥病在床，面對重要的話題時，我還是想與重要的朋友談論。專業人士只要善盡專業人士的本分，不需要承擔過多的責任。之所以能這麼想，是因為我不曾死去嗎？

庫伯勒．蘿絲的死亡過程

伊莉莎白．庫伯勒．蘿絲在《離世瞬間　論死亡與臨終》裡（中公文庫，二〇〇一年）深入探討了靈魂之痛。

庫伯勒．蘿絲在見證許多人的死亡後，定義人們對待死亡會經過「否認↓憤怒↓討價還價↓抑鬱↓接受」五個階段。被宣告死亡的人會先否認，不相信自己的人生會發生這種事。接著會感到憤怒，不明白為何這種事只會發生在自己身上。之後會為了逃避死亡，摸索各式各樣的方法。亦即所謂的「討價還價」。等到發現討價還價無效，就會陷入強烈的抑鬱。最後別無他法，下定決心接受死亡後，才能恢復平靜。

庫伯勒·蘿絲做了這麼多的研究，但她的離世過程卻並非這麼一回事。我在美國的紀實節目上看了她的離世過程，她的末期只有憤怒與埋怨。

我並不是要揶揄庫伯勒·蘿絲。事實上看了那個節目，使我鬆了一口氣。原來連庫伯勒·蘿絲在面對死亡時都會慌了手腳。

什麼都有可能

從事這些研究的過程中，曾有比我年輕的讀者對我說：

「我想知道上野女士會如何離世。」

在那一瞬間，我切身感受到以演講、書寫維生原來是這麼恐怖的事。

事實上我還感受到這麼一件事——

人終將一死，但無法決定時間、原因。或許會手忙腳亂，或許不會。或許會猝死，或許不會。我不曾死去，無法確認。

相對的，我在見證許多人的死亡後，只能感慨：「什麼都有可能」——這是我研究臨終至今，獲得的最大的成果。

生死，超越了個人意志。想要控制生死，是一種不遜的褻瀆。然而活著時只要努力就能改變。包括善用自己的生命，直到最後一刻。還有建立無論是否有家人都能安心的社會。

我不是宗教家，而是社會學者。因此我不希望將來世視為救贖，只希望能十分務實地在這輩子解決這輩子的課題。

後記

現在距離《一個人的老後》（法研，二〇〇七年／文春文庫，二〇一一年）在日本出版，已八年了。期間，我出版了《一個人的老後【男人版】》（法研，二〇〇九年／文春文庫，二〇一二年）並預告我將撰寫《一個人的臨終》結束「一個人系列」。我終於實現了那個承諾。

事實上即使我撰寫老後，也一直不想撰寫臨終。因為我認為高齡者是指「現在還活著的人」而非「瀕臨死亡的人」、「等待死亡的人」。每當有人詢問我關於死亡的問題，我總是回答：「我只述說『如何活著』，不準備談論『死』、『死後』」。但是最終我還是決定撰寫臨終了。因為隨著年齡增長，我開始收到同齡層甚至年輕友人的訃告。應該說死亡與其原因再也非事不關己，使我不能視而不見吧。

當我開始研究臨終，我與從事末期照護與安寧療護的人有很深刻的交集。我始終都是以當事人的角度關心「能否在家一個人臨終？」並在造訪第一線的過程中撰寫了《上野千鶴子舉手發問　小笠原醫師，一個人可以在家臨終嗎？》（朝日新聞出版，二〇一三年）、《照護教主——支援臨終的專家》（亞紀書房，二〇一五年）兩本著作。本書可以說是將第一線實踐成果的集大成，是我目前研究「在家一個人臨終」的報告。我希望可以將這些收穫毫無保留地與讀者分享，因此撰寫了這本書。

在調查的過程中，我還有另一個收穫——我不再對醫師過敏了。可以說是居家醫療先鋒的醫療專業人士們除了擁有強烈的使命感、高度的奉獻心，還有向第一線與患者學習的柔軟度，瓦解了我對醫師「自視甚高而缺乏社會性」的刻板印象。

一如我在《照護教主——支援臨終的專家》裡介紹的英裕雄先生所說的，居家醫療先鋒的共通點為「具備醫療專業人士、經營者與社會運動家的資質」。事實上，具備上述三者資質的人才很稀有，才能稱得上是「教主」。我在第一線遇見的「教主」大多充滿魅力，且大多是醫師世家的第二或第三代。

觀察第一線後，我發現日本已具備實現末期居家醫療的基礎建設與人才（只是城鄉差距甚大）而且技術與服務的品質絕對不比其他國家低。比起社會福利完善的先進國家，儘管日本的所有服務都必須自費且額度有限，但自付額亦非高不可攀。日本的高齡者福利與醫療並沒有那麼悲觀，但能否維持現狀、日本人能否抵抗服務水準下滑等都是很重要的課題問題。

其中，單身者在家臨終（我稱之為「在家一個人臨終」）的難易度更是超越在家臨終，但那也是有心就能實現——發現這一點也是很大的收穫，而這也是居家醫療先鋒努力的成果。

《照護教主——支援臨終的專家》出版後不久，某本照護專業雜誌訪問了我。當時有一個問題是「該如何培育下一個世代的教主？」，對此，我給了十分明快的答案：「以後就不再需要教主了。下一個世代的使命為建立不是教主也能運作的系統，並執行各專業人士的專業性。」說穿了，需要教主並不是好事。社會有缺陷與問題，才會追求擁有非凡能力的教主。尤其是政治教主。當時代需要政治教主，絕對不是好事。沒有教主也能妥善運作的社會——也就是沒有超人般能力的普通人，也能以平凡的方式確實發揮個人專業，透過複數組合達成一個人無法達成的課題——這才是最理想的狀態。

我最近開始往鄉下發展。地方政府會舉辦主題為「住在〇〇市，能否在家一個人臨終」的研討會並邀請我前往演講。此外，我住所的管理委員會也曾請我為住戶規劃「住在〇〇大樓，能否在家一個人臨終」研討會。所幸附近有值得信賴的到宅診療醫師、到宅護理站、到宅照護事業所等資源。我的「在家一個人臨終」計劃逐漸成形中（笑）

話雖如此，我自始至終都認為人的生死無法計劃，並對所謂的planned birth、planned death存疑。生命不是選擇，而是恩賜，無論如何都要接受它——體認到這一點，應該可以說是我最大的收穫。

編輯矢坂美紀子女士一心期待本書完成。若少了她頑強的慫恿，這本書就不會問市。

儘管總是如此，身為作者的我一直能感受到來自編輯的壓力。為了考慮「一個人系列」的一致性，本書的裝幀仍交由近藤勉先生設計，他為《一個人的老後》、《一個人的老後【男人版】》設計了輕快、灑脫的裝幀。委託他設計的是使《一個人的老後》成為暢銷書的法研編輯（當時）弘由美子女士，而推薦他的自由編輯武井真弓女士，同樣也參與了《一個人的老後》的編輯工作。弘女士、武井女士，謝謝你們。在這三本書中，我最喜歡本書的裝幀。

最後，我要感謝出現在本書中的所有人。謝謝你們接受訪問、提供資訊。對於已經離世的前人，在此致上我誠摯的祝福。最重要的是，由衷感謝願意與我分享經驗與智慧的各位讀者。

二〇一五年秋風揚起時
上野千鶴子

人生顧問265

一個人的臨終——人生到了最後，都是一個人。做好準備，有尊嚴、安詳地走完最後一段路

作　者—上野千鶴子
譯　者—賴庭筠
主　編—汪婷婷
責任編輯—李怜儀、汪婷婷
責任企劃—汪婷婷
封面設計—萬亞雰
內文設計—吳詩婷

總編輯—周湘琦
發行人—趙政岷
出版者—時報文化出版企業股份有限公司
10803台北市和平西路三段二四〇號二樓
發行專線—(〇二)二三〇六—六八四二
讀者服務專線—〇八〇〇—二三一—七〇五・(〇二)二三〇四—七一〇三
讀者服務傳真—(〇二)二三〇四—六八五八
郵撥—一九三四四七二四時報文化出版公司
信箱—台北郵政七九～九九信箱
時報悅讀網—http://www.readingtimes.com.tw
電子郵件信箱—books@readingtimes.com.tw
生活線臉書—http://www.facebook.com/ctgraphics
法律顧問—理律法律事務所　陳長文律師、李念祖律師
印　刷—盈昌印刷有限公司
初版一刷—二〇一七年十二月十五日
定　價—新台幣三二〇元
（缺頁或破損的書，請寄回更換）

時報文化出版公司成立於一九七五年，
並於一九九九年股票上櫃公開發行，於二〇〇八年脫離中時集團非屬旺中，
以「尊重智慧與創意的文化事業」為信念。

一個人的臨終：人生到了最後，都是一個人。做好準備，有尊嚴、安詳地走完最後一段路 / 上野千鶴子著 ； 賴庭筠譯. -- 初版. -- 臺北市：時報文化, 2017.12

面 ； 公分. -- (人生顧問 ； CFC0265)

譯自：おひとりさまの最期

ISBN 978-957-13-7014-9(平裝)

1.老人養護 2.生命終期照護 3.生死觀

544.85　　106007034

ISBN：978-957-13-7014-9
Printed in Taiwan